KB202438

## 복 있는 사람

오직 여호와의 율법을 즐거워하여 그 율법을 주야로 묵상하는 자로다.
저는 시냇가에 심은 나무가 시절을 좇아 과실을 맺으며 그 잎사귀가 마르지 아니함 같으니
그 행사가 다 형통하리로다. (시편 1:2-3)

주여, 기도를 가르쳐 주소서

Stanley Hauerwas, William Willimon

# LORD, TEACH US

# 주여, 기도를 가르쳐 주소서

스탠리 하우어워스·윌리엄 윌리몬 지음 | 이종태 옮김

**복 있는 사람**

# 주여, 기도를 가르쳐 주소서

2006년 10월 30일 초판 1쇄 발행
2021년 10월 25일 초판 10쇄 발행

지은이 스탠리 하우어워스·윌리엄 윌리몬
옮긴이 이종태
펴낸이 박종현

(주) 복 있는 사람
서울특별시 마포구 연남동 246-21 (성미산로 23길 26-6)
Tel 723-7183(편집), 723-7734(영업·마케팅) | Fax 723-7184
hismessage@naver.com
등록 1998년 1월 19일 제1-2280호
ISBN 89-90353-53-X

Lord, Teach Us
by Stanley C. Hauerwas

조안나 하우어워스, 메리 길버트, 앨버타 파커, 루비 윌리몬,

그리고 기도를 가르쳐 주신 (필자들의) 어머니들께

* 이 책의 성경구절은 새번역에서 인용했다.

하늘에 계신 우리 아버지여,

　　이름이 거룩히 여김을 받으시오며

　　나라가 임하옵시며

　　뜻이 하늘에서 이룬 것같이 땅에서도 이루어지이다.

오늘날 우리에게 일용할 양식을 주옵시고

우리가 우리에게 죄 지은 자를 사하여 준 것같이

　　우리 죄를 사하여 주옵시고,

우리를 시험에 들게 하지 마옵시고

　　다만 악에서 구하옵소서.

나라와 권세와 영광이 아버지께 영원히 있사옵나이다. 아멘.

# 제사(題詞)

미국 성공회 예배에서는 사제가 주기도 순서에 앞서 이렇게 말한다. "이제 담대히, 우리 주님 그리스도께서 가르쳐 주신 기도를 드립시다……." 여기서 '담대히'라는 말을 한번 깊이 생각해 볼 필요가 있다. 주기도는 우리가 그저 대수롭지 않게 드릴 수 있는 기도가 아니다. 이 기도는 담력이 필요한 기도다. 우리가 이 기도를 아무 생각 없이 형식적으로 드리는 것은, 자신이 지금 무엇을 기도하고 있는지 생각해 보지 않기 때문이다.

우리는 "(당신의) 뜻이 이루어지이다"라고 기도한다. 이는 이 기도 전반부의 절정이다. 우리는 하나님께 하나님이 되시라고 간구하는 것이다. 우리는 하나님께 우리가 원하는 바가 아니라 하나님이 원하시는 바를 행하시라고 간구하는 것이다. 우리는 하나님께 보통 때는 숨겨져 있는 하나님의 거룩하심을 이제 나타내 달라고, 보통 때는 감추어져 있는 하나님의 어마어마한 힘을 이제 영광스럽게 드러내 달라고 간구하는 것이다. 또 우리는 "〔당신의〕 나라가 〔이 땅에〕 임하옵시며"라고 기도한다. 그런데 생각해 보라. 만일 이런 일이 정말 불현듯 일어난다면 어떻게 될까? 어떤 것이 유지되고, 어떤 것이 끝장날까? 어떤 이가 환영받고, 어떤 이가 바깥 지옥으로 내쳐질까? 하나님과 인간에 대해 우리가 소중하게 여겼던 생각 가운데 어떤 것이 어느 정도 옳았던 것으로 판명되고, 어떤 것이 어림 반 푼어치도 없는 엉터리로 판명될까? 정말이지, 담대함이 필요한 기도가 아닐 수 없다. 이런 기도를 입 밖에 내는 것은, 사자를 우리 밖으로 꺼내는 것이며, 원자폭탄의 위력도 무색케 하는 어마어마한 힘을 폭발시키는 것과 같다.

이 기도의 후반부를 기도하기 위해서도 당신은 또 다른 방식으로 담대해져야 한다. 우리에게 주소서. 우리를 용서하소서. 우리를 시험에 들게 하지 마소서. 우리를 구해 주소서. 하나님의 전능을 마주하는 일이 용기가 필요한 일이라면, 우리의 무능을 마주하는 일도 그에 못지않게 용기가 필요한 일이다. 하나님 없는 우리는 아무것도 할 수 없다. 하나님 없는 우리는 아무것도 아니다.

그래도 이 기도를 견딜 만하게 만들어 주는 유일한 말은 "우리 아버지"이다. 하나님이 정말 아버지 같은 존재라면, 우리는 아이 같은 존재가 되어 감히 그분께 다가갈 수 있기 때문이다.

프레드릭 뷰크너(Frederick Buechner),
「당신의 삶에 귀를 기울이라」(*Listening to Your Life*) 중에서

# 차례

# 한국의 독자들에게

우리 두 사람은 우리가 쓴 책이 미국과 사회적·정치적 현실이 많이 다른 나라의 언어로 번역된다는 것이 무슨 의미인지에 대해 아직 깊이 생각해 보지는 못했습니다. 그래서 먼저 우리는 우리가 이 책을 미국을 위해 쓴 이유부터 말해 보려 합니다. 우리는 그리스도인들이 행하는 가장 평범한 실천들, 가령 주기도를 기도하는 것처럼 평범하기 그지없는 실천들이 실은 얼마나 급진적인 의미를 내포하고 있는지에 사람들이 주목하기를 바랐습니다. 미국의 그리스도인들 대부분은 주기도를 기도하는 일과 미국적인 방식대로 사는 일이 양립 가능하다고 믿고 있습니다. 그러나 우리의 생각은 다릅니다.

예를 들어, 주기도는 "우리의"(our)라는 대명사로 시작하는데, 이것부터가 벌써 우리가 무엇보다 독립적인 개인들(individuals)이라는, 우리가 지닌 억측에 대한 근본적인 도전입니다. 또 주기도는 하나님을 아버지라고 부르는데, 이는 우리가 하나님을 아버지(성부)로 알 수 있는 이유가 오직 예수께서 아들(성자)이시기 때문이라는 점을 가르쳐 줍니다. 이처럼 주기도는, 우리가 "아버지" 됨의 의미가 무엇인지를 알고 있다는 우리의 억측에 근본적으로 도전합니다. 주기도에 담겨 있는 문법에 주목함으로써 우리는, 주기도를 기도한다는 것은 우리를 노예 삼으려 하는 모든 세력들로부터 우리를 자유롭게 해주는 한 비범한 실재에 참여하는 일임을 미국의 그리스도인들에게 일깨워 주고자 했습니다.

한국에서 주기도를 기도한다는 것이 갖는 의미는 물론 여기 미국에서와 많이 다를 것이지만, 주기도를 기도하는 일은 한국의 그리스도인들에게도 마찬가지로 결정적인 도전을 제기하는 일일 것입니다. 우선 한국인이 이 기도를 한다는 것은, 그리스도인은 시간과 공간을 넘어 다른 모든 그리스도인들—자국어로 된 주기도를 가진 모든 이들—과 서로 연결되어 있다는 사실을 상기시켜 주는 일입니다. 이처럼 주기도는 성령을 통한 일치를 가져다 주며, 이 일치는 우리가 미국인이나 한국인인 것보다 그리스도인이라는 것이 더 결정적인 사실임을 상기시켜 줍니다.

또한 우리는 독자들이 이 책을 단순하면서도 복잡한 책으로 읽기를 희망합니다. 우리는 이 책을 통해 그리스도인들이, 하나님의 이름을 거룩히 여기는 일 같은 단순한 실천이 실은 얼마나 심원한 신학적 주장들과 하나로 맞물려 있는지를 깨닫게 되기를 바랍니다. 하나님에게 이름이 있다는 사실은 신학적으로 대단히 중요한 의미를 지니고 있습니다. 왜 우리가 삼위일체이신 분께 기도하는지를 이해하고자 한다면 말입니다. 이처럼 단순하면서도 복잡한 또 다른 예로서, 용서받는다는 것의 의미를 들 수 있습니다. 용서하는 것 말고, 용서받는 사람이 된다는 것 말입니다. 왜냐하면 용서받는다는 것, 그리스도인이 되기를 배운다는 것은 우리가 우리의 삶을 성취물이 아닌 선물로서 받아들이기를 배운다는 것을 의미하기 때문입니다.

한국의 기독교는 흥왕하고 있습니다. 미국의 기독교는 그렇지 못합니다. 미국의 기독교가 지금 처해 있는 상황은 우리가 미국의 정치적·경제적 현실에 순응해 버렸다는 사실과 관련 있습니다. 의심할 여지없이, 한국의 교회도 마찬가지로 순응의 유혹을 받을 것입니다. 따라서 저는 미력이나마 이 책이, 아니 예수께서 우리에게 가르쳐 주신 이 기도가, 기도는 우리가 늘 감당해야 하는 임무이며 그리고 우리가 그렇게 기도할 때 하나님께서 우리에게 세상의 유혹을 이기는 데 필요한 모든 것을 주신다는 사실을 우리 모두에게 일깨워 주기를 바랍니다.

2006년 10월

스탠리 하우어워스

윌리엄 윌리몬

# 들어가는 말

"우리에게 기도를 가르쳐 주소서!"

예수의 제자들은 그분께 이런저런 것들을 간청하고 물었다. "우리에게 아버지 하나님을 보여 주소서", "나를 구원해 주소서", "주님, 어디로 가십니까?" 한번은 이런 것을 물은 적도 있다. "우리 중 누가 최고입니까?" 예수께서 이런 질문에 늘 대답을 주시지는 않았는데, 아마 질문 자체가 그릇된 것이었기 때문일 것이다. 바른 질문을 하는 것부터가 큰 소득이다. 이렇게 볼 때, 예수께서 그들에게 어떻게 기도해야 할지를 가르쳐 주셨다는 사실은 중요하다. 제자들이 마침내 바른 질문을 했다는 말이기 때문이다.

이 책은 그리스도인다운 그리스도인이 되어 가는 이들, 바른 질문하기를 배우려는 이들을 위한 책이다. 우리 모두는 아무리 예수 주변에서 오래 머물렀다 하더라도, 늘 바른 질문을 던지는 법을 다시 새롭게 배워야 한다. 기독교 신앙의 본질이 그런 것이기 때문이다. 그리스도인다워지는 일을 다 숙달했노라고 자처할 수 있는 제자는 없다. 아무리 신실하고 당차더라도 말이다.

기독교를 어떤 일련의 교리나 자발적 조직체나 바른 행동 목록 등으로 생각하지 말라. 그보다는, 기독교를 어떤 백성이 걷고 있는 여정의 이름으로 생각해 보자. 복음서를 읽다 보면, 우리는 예수와 그분의 제자들이 늘 어딘가를 향해 길을 가고 있었다는 사실을, 어딘가로 숨 가쁘게 움직여 가고 있었다는 사실을 볼 수 있다.

> 그리고 예수께서는 마을들을 두루 돌아다니시며 가르치셨다. 그리고 열두 제자를 가까이 부르셔서, 그들을 둘씩 둘씩 보내시며, 그들에게…… 권능을 주셨다. 그리고 그들에게 명하시기를, 길을 떠날 때에는, 지팡이 하나밖에는 아무것도 가지고 가지 말고, 빵이나 자루도 지니지 말고, 전대에 동전도 넣어 가지 말고(막 6:6-8).

이 여정은 모험이다. 이 여정은 예수와 함께 가는 길, 세상이 우리에게 신뢰하라고 가르쳐 준 그런 안전 수단(이를테면, 빵이나 자루나 돈)이 아니라 예수를 신뢰하며 가는 길이기 때문이다.

주기도를 기도함으로써 우리는 한 백성이 되어 간다. 이 백성의 여정은, 하나님이 세상을 제멋대로 내버려두지 않으셨을 뿐 아니라 오히려 옛 길과 옛 수단을 버리고 나와 계속 나아가는 한 백성을 통해 하나님이 이 세상에 현존해 계심을 말해 주는 징표다. 이 백성은 "많은 귀신을 쫓아내며 수많은 병자에게 기름을 발라서 병을 고쳐" 준 이들처럼(막 6:13), 악의 영역에 대한 신적 공격에 참여하는 비범한 권위를 부여받은 평범한 사람들이다.

이것은 위험한 여정이다. 마르틴 루터(Martin Luther)는 그리스도의 역사가 일어날 때면 마귀도 행동에 들어간다고 말한 바 있다. 그래서 마가는 예수께서 제자들에게 마귀를 쫓아내고 병든 이들을 치유하라는 임무를 맡기셨다고 말한 뒤 즉시 이렇게 덧붙인다. "헤롯 왕이 그 소문을 들었다"(막 6:14). 헤롯이라는 한 정치인의 이름을 언급함으로써 마가는 우리에게 예수와 함께 가는 여정이 또한 십자가를 향해 가는 여정임을 말해 주는 것이다. 통치자들과 권세자들(principalities and powers)은 일단의 평범한 사람들이 자신의 손아귀에서 빠져나가 세상의 안전을 버리고 예수와 함께 길 떠나는 것을 좌시하지 않는다.

기독교라 불리는 이 여정에는 늘 이 같은 위험이 잠재해 있기에 우리에게는 기도에 대한 책이 필요하다. 이 책은 기독교적 기도에 대한 책이며, 그리스도인으로서 기도하는 법을 배움으로써 그리스도인이 되는 길에 대한 책이다. 많은 책들이 기독교를 "설명"하려고 한다. 마치 기독교가 일련의 흥미로운 사상이나 신조인 양 말이다. 그러한 신조 중 몇 가지 핵심적인 것을 긍정하면 기독교가 당신에게 삶의 의미와 목적을 준다고 말한다. 기독교를 만나기 전부터 당신이 품고 있던 어떤 기대들을 기독교가 충족시켜 준다는 것이다.

우리는 당신의 삶이 보다 의미 있어지는 것에 전혀 반대하지 않는다. 그러나 그런 것이 기독교 신앙의 중심 주제는 아니다. 그리스도인이 된다는 것은 어떤 모험에, 하나님 나라라고 하는 여정에 참여하도록 선발되는 것이다. 이 모험에 참여할 때 비로소 우리는 그 전까지 우리의 삶을 노예화해 온 온갖 두려움에서 자유로워진다.

예수는 또 하나의 뜬구름 잡는 신념 체계를 제시하신 철학자가 아니다. 예수는 자신이 설교한 것을 몸소 삶으로 가르치신 스승이다. 우리가 예수를 사랑하고 뒤쫓는 것은 단순히 그분이 하신 말씀 때문이 아니라, 그분이 살고 죽고 부활하신 방식 때문이다. 예수께서는 우리로 하여금 단순히 예루살렘을 향해서가 아니라 진리를 향해서, 곧 어떤 나라를 향해서 길 떠나게 하신다. "나를 따라오너라"(막 1:17)라는 그분의 말씀을 듣지 않았더라면, 우리가 결코 들어가려 하지 않았을 그 나라를 향해서 그렇게 하신다.

이처럼 이 책의 관점에서 기독교 신앙은 일련의 신조가 아니라 당신이 배워야 하는 기도다. 도중에 교리를 다룰 때도 있을 것이다.

그러나 기독교 교리라는 것은 따지고 보면 실은 기도 같은 것, 일련의 실천 같은 것이다. 교리의 목적은 우리로 하여금 "하늘에 계신 우리 아버지……" 하고 기도하도록 돕는 것이다. 이 책은 주기도의 형식을 따라 전개되는데, 주기도야말로 기독교라는 여정의 중심 지표이기 때문이다. 이 기도는 당신이 이 여정에서 만나게 될 위험이 무엇인지를 보여줄 뿐 아니라 그 위험물을 헤쳐 나가기 위해 필요한 도움—필요한 기술—을 당신에게 제공해 준다. 기독교는 곧 싸움(conflict)이다. 기도할 때 우리는 우리에게 이 기도를 가르쳐 주신 분이 십자가에 못박혀 죽으셨다는 사실을 기억하게 된다.

우리가 이렇게 기도하는 것은, 나사렛 예수 안에서 하나님이 참으로 기묘하고 놀라운 방식으로 우리 세계에 침공해 들어오셨기 때문이다. 우리 삶의 놀라운 일들이 다 그렇듯이, 하나님이 우리와 함께하신다는 이 사실도 특이한 결과를 만들어 낸다. 정말 그렇다. 예수께 응답하는 이들은 특이한 사람들이 된다. 세상의 눈으로 보기에 예수는 특이한 존재이기 때문이다. 특이한 존재가 되고 싶지 않다면 우리는 이 기도를 드리지 말아야 한다.

많은 이들이 기독교 신앙에 대해서는 별로 아는 것이 없지만, 주기도는 이미 알고 있다. 이 책이 보여주고자 하는 바는, 그리스도인은 주기도를 기도하는 가운데 예수께서 가르치신 대로 기도하기를 배운다는 것이 얼마나 특이하고 급진적인지를 계속해서 배우게 된다는 것이다.

　하나님이 우리에게 예수로서 오신 것처럼, 그리스도인이 되는 것은 **결코** 자연적으로 일어나는 일이 **아니다**. 이는 우리의 일반적 기준으로는 "이해가 되지" 않는 일이다. 온갖 종류의 기도가 있지만, 예수께서 가르치신 기도는 예수의 삶과 죽음과 부활에 기초를 두고 있는 독특한 행위다. 우리는, 먼저 그리스도인이 되기로 결정하고 나서 그 다음에 주기도가 우리의 신앙을 표현하기에 좋은 수단이라는 사실을 발견하게 되는 것이 아니다. 우리가 이 기도를 선택하는 것이 아니라, 이 기도가 우리를 선택하는 것이다. 이 기도가 우리에게 다가와서, 우리를 형성하고 우리를 제자의 길이라고 하는 모험 속으로 초대하는 것이다. 그리스도인이 된다는 것은 기독교적 기도라는 독특한 실천을 통해 빚어지는 한 무리의 사람들(교회) 속으로 (세례를 받아) 입문하는 것이다.

　따라서 우리는 당신이 먼저 이 기도를 배우기 전에는 당신에게 기독교가 "진리"라는 것을 확신시켜 줄 수 없다. 만일 당신이 기독교 신앙이 "진리"라면 이러저러해야 한다는 어떤 이론들, 가령 "나의 하나님 경험과 부합해야 한다"거나 혹은 "합리적이어야 한다"거나 하는 이론들을 가지고 기독교 신앙에 접근한다면, 그때 당신은 주기도를 드리기보다는 당신의 진리관을 경배하는 것임에 틀림없다. 당신에게는 당신의 경험이 곧 하나님이고, 당신의 이성이 곧 하나님인 것이다.

예수께서는 자신을 믿는 이들에게 이렇게 말씀하셨다. "너희가 나의 말에 머물러 있으면, 너희는 참으로 나의 제자들이다. 그리고 너희는 진리를 알게 될 것이며, 진리가 너희를 자유롭게 할 것이다"(요 8:31-32). 또 그분은 이렇게 말씀하셨다. "나는 길이요, 진리요, 생명이다. 나를 거치지 않고서는, 아무도 아버지께로 갈 사람이 없다"(요 14:6). 제자가 되어 가는 일이 진리를 아는 일에 선행한다는 사실에 주목하라. 먼저 우리 자신을 제자로 바칠 때 비로소 진리를 아는 백성이 된다. 진리는 세상에 대한 일련의 명제가 아니다. 진리란 곧 예수 그리스도다. 우리는 그분을 알게 됨으로써 진리를 알게 되며, 그분이 가르쳐 주신 대로 기도하기를 배움으로써 그분을 알게 된다.

### 이렇게 기도하라

그리스도인이 된다는 것은 우리에게 바르게 기도하는 법을 가르쳐 줄 수 있는 믿을 만한 권위자들에게 우리 삶을 맡긴다는 뜻이다. 그래서 예수의 제자들이 그분께 기도에 대해 물었을 때(눅 11장), 예수께서는 그들에게 "이렇게 기도하라"고 하셨다. 우리는 어떤 가난한 사람이 자정에 이웃을 찾아가 그가 잠자리에서 일어나 자기에게 필요한 빵을 줄 때까지 끈질기게 졸라 대며 문을 두드리듯 기도해야 한다(눅 11:5-13). "이렇게" 끈질기게 "기도해야" 한다는 것이다. 우리에게 "이렇게 기도하라"고 말씀하시는 예수의 명령에 순종하다 보면, 우리의 삶은 우리의 자연적 성향을 거슬러 하나님을 향해 전향하게 되고, 우리는 우리가 기도하는 대로 그리스도인이 된다.

이러한 순복, 곧 하나님을 향해 우리 삶을 전향시키는 일은 결코 자연적으로 일어나는 일이 아니기에, 우리는 당신에게 이 기도를 암기할 것을 그리고 이 기도를 거듭거듭 반복할 것을 요청한다. 이러한 반복은 이 기도가 우리의 아이디어가 아니라는 점을 상기시켜 준다. 이 기도를 우리의 기억에 새기는 것은 곧 우리의 마음에 새기는 것이다. 나중에 살펴보겠지만, 그리스도인의 마음이란 기억으로 이루어지기 때문이다.

세상은 그리스도인에게 위험한 장소일 수 있기에, 또 세상은 늘 우리에게 실재에 대한 온갖 다른 설명들을 퍼붓고 늘 다른 신들에게 다른 기도를 바치는 곳이기에, 주기도를 암기한다는 것은 그리스도인으로 생존하기 위한 필수 기술이다. 하지만 우리는 이 기도조차 잘못 기도할 수 있다. 그래서 능숙한 실천가들 중에서 기도를 배우는 것이 참으로 중요하다.

그러므로 우리가 이 기도를 기도하는 일상적인 장소는, 주일날 교회 곧 그리스도의 몸 가운데서이다. 다른 이들과 더불어 한목소리로 이 기도를 반복할 때 우리는, 그리스도인이 된다는 것은 혼자 걸기에는 너무 험한 길이라는 사실을 상기하게 된다. 이는 공적인 신학이다. 만일 교회가 세례를 통해 우리에게 다가와서 우리에게 이 기도를 가르쳐 주지 않았더라면, 우리는 그리스도인으로 기도하는 법을 결코 알지 못했을 것임을 인정한다. 어쩌면 당신은 하나님이 교회를 자기 몸으로 삼으시는 것에 대해 거부감을 품게 될 때도 있을 것이다. 교회에 신물이 나는 것에 죄책감을 갖지 말라. 교회는 쉽지 않다. 그러나 당신이 세례를 받아 공적인 몸 곧 교회 속으로 들어가 그 안에서 기도하기를 배울 때 참으로 행복해진다는 것이 우리의 주장이다.

전통적으로 교회는 새로 입문하는 그리스도인들에게 이 기도를 가르쳐 왔다. 우리는 당신에게 우리가 아는 최선의 것을 가르쳐 주고 싶다. 적어도 이 기도는 우리의 정체성을 확인해 준다.

따라서 만일 당신이 "그리스도인이란 어떤 사람인가?"라는 질문을 받는다면, 당신이 줄 수 있는 가장 좋은 대답은 이것이다. "그리스도인이란 다름 아니라 주기도로 기도하기를 배운 사람이다."

이 기도로 기도하기를 배우는 일, 이 기도가 우리의 제2의 천성이 되도록 만드는 일은 시간이 걸리며 습관적인 반복이 필요한 일이다. 우리는 습관을 좇아 기도한다. 간혹 이렇게 말하는 이들이 있다. "주기도를 드릴 때 죄책감이 들 때가 많습니다. 기도하는 내용에 대해 정말로 깊이 생각하지 않고 그냥 습관적으로 드릴 때가 많거든요." 그러나 습관은 좋은 것이다. 우리 삶에서 정말로 중요한 일들은 대부분 우리가 그저 습관적으로 하는 것들이다. 우리는 습관적으로 먹고 자고 사랑을 나누고 악수하고 아이들을 껴안아 준다. 우리 삶에는 그저 우연에 맡겨 버리기에는 너무 중요한 일들이 있다. 우리 삶에는 충동적인 갈망에 맡겨 버리기에는 너무 어려운 일들이 있다. 가령, 사람들에게 사랑한다고 말해 주는 일이나 하나님께 기도하는 일 같은 것이 그렇다. 그래서 우리는 그런 일들을 "습관적으로" 한다. 그래서 우리는 매주 교회에서 같은 이야기를 하고 같은 노래를 부르며 대개 같은 일을 거듭거듭 반복하는 것이다.

어떤 이들은 그래서 교회가 따분하다고 불평하기도 한다. 물론 우리가 따분함을 변호하는 것은 아니지만(따분함이란 예수의 뒤를 좇아가는 이 즐거운 모험에 반하는 죄이기 때문이다), 우리는 습관의 중요성을 강조한다. 우리가 따르는 이 신앙은 우리의 자연적 성향을 너무도 거스르는 것이다. 이 신앙은 우리의 현 문화에 깊숙하고 광범위하게 퍼져 있는 많은 근본적 가정(假定)들과 너무도 상충하기 때문이다. 이처럼 우리의 주의를 분산시키는 것이 너무도 많은 이 사회에서 우리가 하나님께 주의를 집중한다는 것은 너무도 어려운 일이다. 그래서 우리는 그 일을 그리스도인으로서 "습관적으로" 해야 한다. 앞서 말했듯이, 기도는 우리 삶을 하나님 쪽으로 전향시키는 일이다. 습관은 우리가 그 일을 하는 한 방식이다.

제자들이 예수께 기도에 대해 물었을 때, 그분은 그들에게 어디 한적한 곳에 가서, 무언가 영적인 생각이 머릿속에 떠오를 때까지 조용히 앉아 있으라고 말씀하지 않으셨다. 그분은 그들에게 "너희는 하나님을 어떻게 느끼느냐?"고 묻지 않으셨다. 다만 그분은 이렇게 말씀하셨다. "너희는 이렇게 기도하여라. 하늘에 계신 우리 아버지……." 이 기도는 선물이다. 새로운 사람을 만나는 일의 어려움 가운데 하나는 처음에 무슨 말을 꺼내야 할지 모른다는 것이다. 상대를 뭐라고 불러야 하나? 어떤 화제를 먼저 꺼내야 하나? 우리에게 이 기도를 주셨다는 것은 예수께서는 우리가 하나님과 관계 맺는 일을 그저 우리더러 알아서 하게 내버려 두지 않으셨다는 의미이다. 우리는 하나님께 무슨 말을 해야 할지 이리저리 궁리할 필요가 없다. 우리는 다만 이 주기도를 습관적으로 외워서(by heart) 드리면 된다.

이 기도는 **주님의** 기도다. 기도를, 원하는 것을 얻기 위한 효과적 전략이나 ("같이 기도하는 가족은 잘 뭉친다") 축구 경기 또는 중요한 국가 행사를 시작하는 적절한 절차 정도로 생각하는 데에 익숙한 우리는 기도를 배워야 한다는 사실이 의아할 수 있다. 그러나 이 기도는 우리가 원하는 것을 얻기 위한 기도가 아니라, 우리의 원함을 하나님이 원하시는 방향으로 전향시키기 위한 기도라는 사실을 기억해야 한다. 이는 주님의 기도, "예수님의 이름으로" 드리는 기도이다. 이 말은, 다른 종류의 기도들과 달리 이 기도가 기도를 가르쳐 주시는 그분과 독특하게 연관되어 있다는 의미이다. 이 기도는 예수를 통해 어떤 백성을 불러 존재케 하신 하나님의 이야기를 우리가 살아내는 것이다. 이 기도를 드림으로써 우리는, 하나님이 예수 안에서 우리를 불러 되라고 하신 그 백성이 된다.

기도를 배워야 한다는 말이 이상하게 들릴 수 있다. 개인적 자율, 자유, 독립 등을 숭배하는 우리 사회에서, 전통의 속박에서 벗어나라고, 우리는 오직 우리 자신에 대해서만 책임이 있다고 가르치는 우리 문화에서, 이것은 분명 이상한 말로 들리기 마련이다. 이러한 문화에서는, 우리 각자가 자기 나름대로 기도할 수 있다는 잘못된 생각을 갖게 된다.

잘못하는 기도가 있을 수 있다. 기도는 결코 우리가 "나름대로" 하는 것이 아니다. 언제나 우리를 가르쳐 주고 형성시켜 주는 이가 있다. 우리는 기독교 신앙이 아니라 자본주의 경제로부터 기도를 "배울" 수도 있다. 어쨌거나 우리는 어디에선가 기도를 배운다. 우리 대부분은 종교란 우리가 스스로 선택해야 하는 무엇이라고 배워 왔다. 우리는 그런 가르침을 배웠다는 사실조차 기억하지 못하는데, 스스로 선택한다는 것은 우리 사회 안에 너무도 광범위하게 퍼져 있으면서도 경제 질서와 정부로부터 너무도 공고한 재가를 받고 있는 가치이기에, 그저 너무도 자연스럽고 당연하게만 보이기 때문이다.

이것은 이 소비사회가 우리를 얼마나 철저하게 형성해 왔는지, 어떻게 우리의 삶을 단순한 소비자 선호의 문제로 바꾸어 놓았는지를 잘 보여준다. 우리 자신은 그런 것을 언제 배웠는지 기억조차 못한다. 개인적 선택이 인간 최고의 가치라고 믿기로 우리 스스로 선택한 것이 아니다. 우리는 개인적 선택이야말로 삶에서 가장 중요한 것이라고 믿도록 배우고, 형성되고, 강요받았던 것이다. 아이러니하게도, 우리 삶에 개인적 선택보다 더 중요한 것이 없다는 믿음은 우리가 개인적으로 선택한 믿음이 아니다! 실은, 슈퍼마켓과 쇼핑몰이 우리의 학교였던 것이다.

학교는 우리에게 모든 선택이 다 동등하다고 가르친다. 그래서 우리는 누구에게도 무엇을 선택하라거나 선택하지 말라거나 해서는 안된다고 믿고 있다. 어쨌거나 모든 선택은 다 동등하다고 배웠기 때문이다. 따라서 모든 종교도 동등해야 한다. 당신은 그저 당신의 라이프 스타일에 가장 잘 맞는 것을 선택하면 되는 것이다.

그러나 예수의 기도로 기도하기를 배운다는 것은, 지금 우리가 하나님 나라의 의롭고 합당한 지체로 만들어져 가고 있음을 믿는다는 뜻이다. 이는 그리스도인이 자신을 다른 사람보다 "더 나은" 사람으로 믿는다는 말일까? 흥미롭게도 마태복음을 보면, 주기도는 예수께서 제자들 가운데 있는 종교적 자기의(self-righteousness)를 공격하시는 장면에서 등장한다.

너희는 기도할 때에, 이방 사람들처럼 빈말을 되풀이하지 말아라. 그들은 말을 많이 하여야만 들어주시는 줄로 생각한다. 그러므로 그들을 본받지 말아라. 하나님 너희 아버지께서는, 너희가 구하기 전에, 너희에게 필요한 것이 무엇인지를 알고 계신다. 그러므로 너희는 이렇게 기도하여라(마 6:7-9).

주기도로 기도하기를 배운다고 해서 우리가 다른 사람보다 더 나은 사람이 되는 것은 아니다. 적어도 우리 사회에서 통용되는 "더 낫다"는 말의 의미로 볼 때는 그렇다. 우리는 더 나은 사람이 되는 것이 아니라 그리스도인이 되는 것이다. 즉, 우리는 자신이 다른 사람보다 더 낫다고 주장할 필요가 없는, 그런 예수의 제자가 되는 것이다. 예수의 제자에게 있어 기도는, 우리 같은 평범한 죄인들에게 기도를 가르쳐 주심으로써 하나님이 어떤 일을 행하셨는지를 말해 주는 증언이기 때문이다.

예수께서 가르쳐 주신 대로 기도한다는 것은, 불교도나 힌두교도의 기도에 무엇인가 잘못된 점이 있다는 의미일까? 이러한 질문 자체가 우리가 아직 예수의 이름으로 기도하기를 배우지 못했음을 보여준다. 불교도나 힌두교도의 기도는 그리스도인의 기도와 다르며, 또 그 다른 이유로 인해 존중받아야 한다. 기독교적 기도는, 우리가 남보다 더 나은 사람으로 여겨지기를 청하는 것이 아니라, 우리 같은 사람도 주 예수 그리스도를 통해 신실한 예배자로 만드시는 하나님의 역사를 기도로 증언할 수 있게 해달라고 청하는 것이다.

우리가 그리스도인인 것, 우리가 "예수님의 이름으로" 기도하기를 배운 것은 하나님이 하신 일이지 우리가 한 일이 아니다. 기억하라. 이는 주님의 기도이다. 우리가 생각해 낸 기도가 아니다. 따라서 불교도나 힌두교도나 현대의 평범한 세속적 미국인들이 "구원받을 것인지" 묻는 사람이 있다면, 그는 "구원받는다"는 말을 오해하고 있는 것이다. 구원, 기독교적 구원은 나와 하나님 사이의 어떤 개별적 관계의 문제가 아니다. 구원은 어떤 모험을 떠나도록 선발되는 것이다. 기독교 신앙이라는 여정을 떠나도록 우리 삶이 하나님께 징집되는 것이다. "하늘에 계신 우리 아버지"로 시작하는 이 기도는 그런 의미의 구원을 명명해 주는 것이며, 그런 구원에 참여하는 것이며, 그런 구원의 수단이다. 이것이 하나님께서 우리를 하나님 나라에 참여시킴으로써 세상으로부터 우리를 구원하시는 방식이다.

불교도와 힌두교도를 하나님이 어떻게 하실 것인지는 하나님이 알아서 하실 일이다. 우리가 주기도를 드리는 것은 다만 하나님에 대해, 하나님이 우리를 어떻게 대하셨는지에 대해 증언하는 것일 뿐이다. 구원받는다는 것은 개인적 성취가 아니며, 섬광 같은 개인적 통찰의 결과도 아니며, 삶의 의미를 확보하는 것도 아니다. 물론 주기도를 드리다 보면 그런 일들이 일어날 수도 있지만 말이다. 구원이란, 당신의 작은 삶이 온 세상을 향한 하나님의 목적에 참여하게 되는 것이요 그것을 아는 즐거움이자 놀라움이다. 구원이란 당신의 삶이 하나님을 향해 전향되는 것이다. 당신 생각에 당신이 하는 일이란 그저 작은 기도를 외워 드리는 것이 전부인데도 말이다. 구원이란, 그리스도 안에서 하나님이 우리에게 오심으로써 우리에게 무슨 일이 일어났는지를 세상을 향해 말할 수 있는 용기를 갖게 되는 것이다.

주기도를 드리는 것은 하나님의 방식으로—"주의 뜻이 이루어지고, 주의 나라가 오게 하소서"—우리 삶을 하나님께 전향시키려는 평생에 걸친 행위이다. 이 세상에서 자신의 뜻을 성취하는 여러 방법에 대해서는 이미 충분히 배워 왔다. 우리는 온 세상에 우리 자신의 왕국을 세우고 있으며, 그 잔해들이 여기저기 널브러져 있다.

당신은 우리가 "믿는다"는 말보다 "전향시킨다"(bending)라는 말을 쓰는 것에 대해 의아하게 여기는가? 아마 당신은 이 책을 "기독교의 중심 신조"를 설명한 책일 것으로 기대했거나, 당신이 알아 두어야 할 여러 중요한 기독교 교리를 열거해 놓은 책으로 기대했을 수 있다. 기독교란 기독교 교리를 믿는다는 것이 아닌가?

그렇지 않다. 교리가 중요하지 않다는 말이 아니라, 기독교 신앙의 여러 교리와 명제들, 가령 "하나님은 사랑이시다" 또는 "하나님은 성부, 성자, 성령이시다" 같은 말들은 실은 기독교적 실천—예배, 기도, 성생활, 돈을 쓰는 방식 같은 실천—의 파생물이라는 말이다. 교리와 신조란 우리에게 기도하는 것이 왜, 또 얼마나 중요한지를 상기시켜 주려는 노력에 지나지 않는다. 교리의 기능은 기독교적 기도를 제대로 어렵게 만들어 주는 것이다.

이 책을 쓰기란 즐겁기도 했지만 또한 어렵기도 했다. 이 책은 우리가 공동 작업한 세번째 작품이다. "기독교를 고려중인" 사람들에게 무슨 말을 해줄 수 있을까? 기본 원고는 완성했지만 우리는 그다지 만족하지 못했다. 우리는 우리의 상상력에 무엇인가 자극이 필요하다고 생각했다. 그런데 우리는 스코트 세이(Scott Saye)에게서 그러한 자극을 얻을 수 있었다. 스코트는 여기 듀크 대학교에서 종교학을 공부하는 대학원생이다. 그가 이 책에 너무도 중요한 공헌을 했기에 우리는 표지에 "스코트 세이와 더불어"라는 말을 넣어 그의 공로를 인정해야겠다고 생각했다. 스코트의 통찰이 이 책에 크게 힘을 더해 주었다.

어떤 이들은 우리를 혹독한 교회 비판자로 여긴다. 물론 우리가 자초한 평가이기는 하다. 하지만 우리에게 그 무엇보다 중요한 것은, 교회가 자신의 확신을 용기 있게 살아내는 것이다. 우리는 이 작은 책이 모든 이들이 그렇게 살도록 하는 일에 부족하게나마 작은 도움이 되기를 희망한다. 평생 그리스도인으로서 살아온 사람들뿐 아니라 이제 막 그리스도인이 된 이들까지도 포함해서 말이다.

당신은 전체 열 장으로 이루어진 이 책을 매주 한 장씩 기도하고 사색하며 읽을 수 있다. 이 책은 기독교 신앙에 대해 더 많은 것을 알고자 하는, 혹은 그리스도 안에서 더욱 깊은 신앙을 갖고자 하는 목적으로 혼자 읽어 갈 수도 있겠지만, 우리는 그리스도를 따라 함께 여정을 나선 다른 사람들과 더불어 읽을 수 있다면 가장 좋다고 생각한다.

우리는 이 책을 읽기 전에 당신이 먼저 주기도를 드렸으면 한다. 주기도는 모든 기독교의 신조와 행동이 흘러나오는 원천이며, 예수 그리스도 안에서 우리를 향해 그토록 자비롭게 다가오신 하나님을 향해 우리가 매일 우리의 삶을 전향시키는 일이기 때문이다.

스탠리 하우어워스
윌리엄 윌리몬

# 1장_ 우리 아버지*

어떤 이들은 하나님을 아버지라고 부르라는 이 기도의 가르침에 반감을 갖는다. 그러나 사실 더 큰 반감을 일으킬 만한 단어는 그 앞의 "우리"라는 말이다. 이 기도는 우리에게 개인으로서가 아니라 교회로서 기도하라고 가르친다.

"우리"라는 말은 우리의 소유권을 주장하는 말이 아니다. 하나님은 우리의 소유물이 될 수 없다. 하나님을 그저 미국적 방식을 응원하는 치어리더나 우주의 페더럴 익스프레스(Federal Express, 미국의 거대한 항공화물 운송회사) 정도로 치부하려는 이들이 많다. "우리"라는 말은, 하나님 곧 우주를 창조하셨고 행성들을 자기 진로에

---

* "Our Father in heaven……"으로 시작하는 영어 주기도는 "우리 아버지"가 가장 먼저 나온다.

따라 움직이게 만드신 분, 하늘과 땅을 다스리는 위대한 하나님이 놀랍게도 우리의 하나님이 되기로 뜻하셨음을 우리가 인정하는 말이다. 우리가 하나님께 다가가기 전에 하나님이 먼저 우리에게 다가오셔서 소유권을 주장하셨고, 우리 하나님이 되기로, 우리를 하나님 백성으로 삼기로 약속하셨다. 이처럼 우리가 하나님을 "우리 아버지"라고 부를 수 있는 특권은, 우리가 누구라서 혹은 우리가 무슨 일을 해서가 아니라, 하나님이 예수 그리스도 안에서 행하신 일 때문에 우리에게 주어진 것이다.

토마스 아퀴나스(Thomas Aquinas)는, 우리는 하나님과 우정을 맺고 살라는 큰 목적을 위해 창조되었다고 말한다. "우리"라는 말은, 우리가 친구들 없이는 기도할 수 없다는 사실을 상기시켜 준다. 기도 습관은 오직 다른 이들과의 우정을 통해서만 얻을 수 있다. 그런 우정이 우리가 하나님과 우정을 맺을 수 있도록 해준다. 그러므로 어떤 사람이 그리스도인인지 여부는 그의 친구들을 보면 알 수 있다. 그렇다고 이 말이 우리 친구들이 늘 반듯하고 의로운 사람들이어야 한다는 뜻은 아니다. 예수께서도 "마구 먹어 대는 자요, 포도주를 마시는 자요, 세리와 죄인의 친구"라는 비난을 받으셨다(마 11:19).

또 예수께서는 자신의 제자들을 "친구"라고 부르셨다.

사람이 자기 친구를 위하여 자기 목숨을 내놓는 것보다 더 큰 사랑은 없다. 내가 너희에게 명한 것을 너희가 행하면, 너희는 나의 친구이다. 이제부터는 내가 너희를 종이라고 부르지 않겠다. 종은 그의 주인이 무엇을 하는지를 알지 못한다. 나는 너희를 친구라고 불렀다. 내가 아버지에게서 들은 모든 것을 너희에게 알려 주었기 때문이다. 너희가 나를 택한 것이 아니라, 내가 너희를 택하여 세운 것이다. 그것은 너희가 가서 열매를 맺어 그 열매가 언제나 남아 있게 하려는 것이다(요 15:13-16).

요한복음의 이 구절은 예수와 우리가 맺는 우정에 대해 많은 것을 가르쳐 준다. 예수는 자기 친구들을 위해 자기 목숨을 내놓음으로써 우정을 행하시는 친구다. 그가 성부의 뜻에 순종하듯이, 그래서 그가 친구라 부른 어중이떠중이들을 위해 기꺼이 자기 목숨을 내놓듯이, 우리도 그분의 친구로서 그렇게 그분께 순종해야 한다. 그러나 우리는 그분과 동등한 존재로서 그분의 친구인 것은 아니다. 그분은 "이제부터는 내가 너희를 종이라고 부르지 않겠다"라고 말씀하신다. 종은 주인이 하는 일을 이해하지 못하는 존재다. 그러나 우리의 주인이신 예수께서는 우리를 종—주인이 무슨 일을 하려는지 모른 채 그저 주인의 뜻에 순종할 뿐인—의 위치에서 친구로 변모시켜 주신다. 자기 자신을 기꺼이 우리에게 계시하시는 주인의 은혜로운 뜻을 통해 그렇게 하신다. 성자는 성부가 자신에게 말씀해 주신 것을 우리 종들에게 알려 주셨고, 이로써 우리를 친구로 변모시키신다.

우리를 "친구"라고 부르신 후 예수께서는 우리에게 "너희가 나를 택한 것이 아니라, 내가 너희를 택하여 세운 것이다"는 사실을 상기시켜 주신다. 우리와 하나님의 관계, 곧 우리가 하나님을 "우리 아버지"라고 부르면서 담대히 나아갈 수 있는 것은, 하나님이 우리를 택하신 덕분이지 우리가 하나님을 택했기 때문이 아니다. 하나님이 우리를 택하신 것은 하나님의 선물이다. 이 선물을 교회에서 흔히 일컫는 말이 바로 "은혜", 놀라운 은혜다. 이것은 특히 우리가 애써 벌고 성취하고 이루어 낸 것만이 가치 있는 것이라고 믿도록 가르치는 이 문화 속에서 참으로 놀라운 사실이 아닐 수 없다. 예수를 주님으로 믿는 신앙은 우리에게 오직 선물로서 온다. 따라서 그리스도인이 된다는 것은 "[기독교] 전통"이라고 하는 2천 년에 걸친 유산의 수혜자가 된다는 의미다. 우리 중 누구도 이 유산을 값 주고 얻었거나, 받을 자격을 갖춘 사람은 없다. 세례가 상기시켜 주듯이, 우리 모두는 입양된 존재다. 우리는 이를 은혜라고 부른다.

여러분이 전에는 하나님의 백성이 아니었으나,
지금은 하나님의 백성이요(벧전 2:10).

그러므로 "내가 예수를 **내** 마음 속에 영접했기 때문에 〔나는 그리스도인이다〕" 또는 "**내가** 내 삶을 그리스도께 드렸기 때문에 〔나는 그리스도인이다〕"라고 말하는 것은 옳지 않다. 예수와 우리의 관계는 우리의 생각이기 이전에 그분의 생각이었다. 우리가 예수를 어디로 모시는 것이 아니다. 그분이 우리를 데려가시는 것이다. "그리스도와 인격적인 관계"를 가져야 한다고 말하는 이들이 있다. 물론 그렇다. 그분과의 관계는 분명 인격적인 관계다. 그러나 사적인 관계는 아니다. 이 관계는 우리 모두가 함께 참여하고 있는 관계다. 그래서 당신도 주목하듯이, 우리가 주기도를 다 같이 한목소리로 소리내어 기도하는 것이다. 그렇게 함으로써, 이 신앙이 공적인 성격을 띠고 있음을 드러내는 것이다.

여기에 큰 위로가 있다. 비록 당신이 스스로 그리스도인답지 못하다고 **느끼더라도**, 비록 당신이 늘 그리스도인답게 **행동하지** 못하더라도, 심지어 당신이 그리스도인처럼 **믿지** 못하더라도, 하나님의 친구로서 당신이 하나님과 맺고 있는 관계는 당신의 느낌이나 행위나 믿음에 기초하고 있지 않다. 당신이 하나님의 친구인 것은, 하나님이 교회를 통해 예수 안에서 당신을 택하셨기 때문이다. 당신이 그리스도인인 것은 당신이 이 주기도를 소리내어, 공적으로, 습관을 좇아 기도하기 때문이다. 그 순간 당신이 그 기도를 드리고 싶어서 드리는 것이든 그렇지 않든 상관없다. 그러므로 그리스도인은 자기 마음속 생각을 불안스레 샅샅이 살피거나, 자신의 모든 행위나 잘못을 혹독히 조사하거나, 이해도 안되는 열 가지 명제들을 갑자기 믿어 보려고 눈을 감고 억지로 애쓸 필요가 없다. 우리는 느긋해질 수 있다. 우리와 하나님의 관계는 우리의 생각이기 이전에 하나님의 생각이었다는 사실을 알기에 우리는 안심할 수 있다. 하나님과의 이 여정은 과연 우리가 성공적으로 하나님의 친구가 될 수 있는지를 알아보기 위한 시험이 아니다. 이 여정은 애초에 하나님이 그리스도 안에서 우리를 친구라고 부르시며, 함께 가자고 우리를 부르셨기 때문에 시작되었다. 우리가 이 여정에 참여하기를 하나님이 원하셨기 때문이다. 하나님과의 우정은 이 여정의 종착지가 아니라 이 여정을 일컫는 이름이다.

이것이 바로 우리가 유아세례―무력하고, 의존적이고, 죄인이고, 보잘것없는 존재인 아기에게 주는 세례―를 고집하는 한 가지 이유다. 우리 모두는 나이가 얼마나 들었든 다 무력하고, 의존적이며, 스스로 할 수 없는 일을 하나님이 해주셔야만 하는 존재이기 때문이다.

또한 이것이야말로 우리가 당신에게 성만찬 때 빈손을 내밀어 떡과 잔을 받으라고 말하는 한 가지 이유다. 그런 가시적이고 육체적인 자세를 통해 당신은 당신의 배고픔을, 당신의 허함을, 하나님과 하나님의 백성에게서 일용할 양식을 얻어야 하는 당신의 필요를 드러내는 것이다.

"우리"라는 이 작은 단어에 들어 있는 의미는 이것이 전부가 아니다. 우리는 하나님이 "**우리** 아버지"이며 우리의 친구와 창조주이심을 기쁘게 선포할 뿐 아니라, 우리는 함께 "**우리** 아버지"를 말하며 기도한다. 만일 하나님이 우리에게 "나의 아버지…… 오늘날 내게 일용할 양식을 주옵시고, 나를 시험에 들게 하지 마옵시고"라고 기도하도록 가르치셨다면, 기독교의 구원은 상당히 다른 의미가 되었을 것이다.

조용히 숲 속을 거닐 때, 혹은 도서관에서 조용히 책을 읽을 때, 혹은 자신의 정신세계를 샅샅이 분석할 때, 우리에게 다가오는 종교들이 있다. 그러나 기독교는 그런 종교들과 다르다. 기독교는 본질적으로 공동체적이며, 그 몸 곧 교회 안에서 사는 문제다. 예수께서는 고립된 개개인에게 자신을 따르라고 부르지 않으셨다. 그분은 제자 무리를 부르셨다. 그분은 무리를 모으셨다(사도행전 2장을 보라).

당신이 어떻게 제자로 부름받았는지 한번 생각해 보라. 당신 스스로 생각해 내었는가? 하늘의 태양을 바라보거나 클로버가 뒤덮인 들판을 거닐 때, 당신에게 계시된 것인가? 그렇지 않다. 당신은 다름 아니라 다른 그리스도인들과의 우정 덕분에 여기에 있게 된 것이다. 분명 누군가가 당신에게 이야기를 들려주었을 것이다. 분명 당신으로 하여금 "이것에 대해 더 알아보고 싶다. 나도 참여하고 싶다"고 말하게 만들 정도로 이 신앙을 몸소 실천해 보인 그 누군가가 있었을 것이다. 몸소 실천해 보여준 누군가, 이야기를 들려준 누군가가 있었을 것이다. 믿는 부모 또는 직장이나 학교에서 만난 누군가, 혹은 성경이 그 역할을 해주었을 것이다. 이러한 공동체적 부름은 우연한 사건이 아니라 그리스도인의 삶의 본질을 이룬다. 그리스도인의 삶을 살기 위해서는 반드시 친구의 도움이 있어야만 한다. 따라서 당신이 "우리 아버지"를 말할 때마다, 실은 당신은 우리가 구원받는 길이 무엇인지를 명명하고 있는 것이다. 여럿이 모여 함께 기도하며, 서로를 바로잡아 주며, 서로를 용서하며, 함께 분투하여 예수를 따라가며, 그분의 길이 우리의 길이 될 때까지 그분의 움직임을 기억하면서 말이다.

그리스도인으로서 우리는, 신앙 안에서 우리의 친구가 단순히 현재 우리와 함께 걷고 있는 이들뿐 아니라 "성도들의 교제"(the communion of the saints)라고 불리는 모든 이들, 곧 이 신앙의 길에서 우리 앞서 걸어간 이들 전체를 포함하는 거대한 공동체에게까지 확장된다고 믿는다. 교회에서 당신은 결코 혼자일 수 없다. 우리가 모여 함께 기도하는 매 순간, 성도들(saints)이 우리와 함께 기도한다. 그들이 천국 성벽 위에서 아래를 내려다보며, 하나님을 찬양하는 우리의 목소리에 함께 참여해 주는 것이다. 믿음을 지키려는 우리의 싸움에 그들이 응원을 보내 주는 것이다.

이것은 당신이 혼자 힘으로 기도할 필요가 없다는 말이다. 초등학교 시절 쪽지시험을 볼 때 선생님은 당신더러 옆 사람 시험지를 훔쳐보지 말라고 했지만 기독교적 기도는 그런 것이 아니다. 성도들이 우리의 기도를 돕는다. 따라서 하나님과 우리의 관계에 대해 숙고할 때, 우리는 아퀴나스와 그가 우정에 대해 한 말을 기억하게 된다. 또한 마르틴 루터가 자기 학생들에게 한 말도 떠오른다. "내 개가 고기를 보고 달려들듯이, 여러분이 그렇게 기도하도록 만들 수 있다면 좋으련만!"

그러므로 주일아침 예배당 문 앞에서 환한 미소로 당신을 맞는 그 사람들이 교회의 전부는 아니다. 당신의 기도를 이끌어 주는, 모든 시대 모든 장소의 성도들 또한 교회다. 그들은 당신이 무슨 말을 해야 할지 모를 때 할 말을 가르쳐 주고, 예수와 걷는 이 여정이 가치 있는 길이며 우리를 본향으로 인도하는 길임을 당신에게 확신시켜 준다.

우리는 하나님을 "우리 아버지"라고 부른다. 그런데 하나님을 아버지라고 부를 때, 그것은 우리와 하나님과의 관계가 아니라 무엇보다 먼저 예수와 하나님과의 관계를 말하는 것이다. 다시 말해, 우리가 하나님을 아버지라 부를 수 있는 것은 우리가 예수를 그분의 아들로 알게 되었기 때문이다. 우리는 하나님의 내적 삶 안의 어떤 관계를 "아버지"와 "아들"이라고 부르도록 배운 것이다. 유념할 것은,

이 두 용어가 남성을 가리키는 말이 아니라는 점이다. 그리스도인들이 언제나 믿어 왔듯이, 하나님은 인간의 모든 성(gender) 개념보다 크신 존재이기 때문이다. 또 중요한 것은, 이러한 명칭들이 하나님 자신의 삶의 일부인 그 가족 관계를 묘사하려는 시도라는 점이다. 우리는 성자를 기억하지 않고서 "아버지"를 말할 수 없다. 또 성자가 성부를 우리에게 계시해 주지 않는 한 결코 성부를 알 수 없다.

물론, 우리 모두는 아버지가 필요하다. 하지만 그리스도인들이 "우리 아버지"라고 기도할 때, 단순히 하나님이 우리를 창조하셨음을 선포하는 것은 아니다. 우리는 하나님이 예수 그리스도 안에서 우리를 구원하셨음을 말하는 것이다. 어떤 이들은 말하기를, 예수를 믿는 것은 어렵지만 자연 속에 보이는 증거에 기초해서 하나님을 믿는 것은 쉽다고 한다. 그들은 눈송이나 울새 등 창조세계에서 자신이 보는 것을 근거로 해서 분명 어떤 조물주, 우리와 세상을 창조한 어떤 "아버지"가 존재할 것이라는 막연한 생각을 끌어낸다.

그러나 그리스도인들이 "우리 아버지"라고 기도할 때, 우리는 단순히 하나님이 우리를 창조하셨음을 선포하는 것이 아니다. 우리는 하나님이 예수 그리스도 안에서 우리를 구원하셨음을 말하는 것이다. 즉, "우리 아버지"라고 기도할 때, 우리는 창조세계를 보면서 거기서 어떤 창조자를 추론해 내려는 것이 아니다. 우리는 아들을 봄으로써 아버지를 알게 되는 것이다. 창조의 기원에 대해 무엇인가를 말하는 것이 아니라, 우리가 받은 구원의 본질이 무엇인지를 명명해 주고 있는 것이다. 예수가 아들이기에, 오직 그 때문에 우리가 하나님을 "우리 아버지"로 알게 된 것이다.

아버지이신 하나님과 우리의 관계는 사도신경에 표현되어 있다. "전능하사 천지를 창조하신 하나님 아버지를 내가 믿사오며, 그 외아들 우리 주 예수 그리스도를 믿사오니……."

이 신경은 우리가 하나님을 "천지를 창조하신" 분으로 알기 전에 먼저 아버지로 안다고 보고 있다는 점에 주목하라(영어로는 "I believe in God the Father Almighty, Maker of heaven and earth"로 우리말 사도신경의 순서와 다르다—편집자). 따라서 우리가 하나님을 알게 되는 것은 우리가 숲 속을 거닐 때나, 눈송이의 아름다움을 숙고할 때나, 별들에 대해 묵상할 때 시작되는 것이 아니다. 하나님을 아는 지식은 어떤 자연스럽고 일반화된 방식으로 시작되지 않는다. 우리가 하나님을 아는 것은, 오직 하나님이 예수 그리스도를 통해 우리에게 계시되었기 때문이다. 먼저 우리는 하나님을 아버지로 알고 그 지식에 근거해 "하늘과 땅", 눈송이, 숲, 별 등에 대해 새로운 이해를 갖게 되는 것이다. 예수를 통해 우리에게 "우리 아버지"로 계시되신 분이 또한 우리의 창조자이신 것이다.

하나님은 우리가 마음대로 고른 막연하고 흥분된 생각들로 채워 넣을 수 있는 어떤 거대한 바구니가 아니다. 하나님은 우리가 다른 방법을 가지고 삶의 모든 것을 설명한 뒤에 남는 어떤 무정형의 신비 같은 것이 아니다.

하나님은 얼굴이 있고, 이름이 있으며, 일정한 행동 방식이 있다. 삼위일체가 바로 그것이다. 만일 우리가 예수를 몰랐다면, 우리는 하나님을 알지 못했을 것이다. 만일 예수께서 우리를 친구로 삼아 주지 않았더라면, 우리는 우리가 하나님과 얼마나 깊이 원수졌는지, 우리가 하나님께 얼마나 크게 반역했는지 알지 못했을 것이다. 우리는 그저 멋대로 각양각색의 거짓 신들을 즐거이 모아들여, 성(sex), 화성, 돈, 자존감 등 요즘 시장에서 인기를 끄는 각양의 것을 하나님이라 부르며 크게 만족해했을 것이다.

그리스도인들이 삼위일체—성부, 성자, 성령 하나님—를 믿는 것은 우리에게 하나님과의 어떤 체험이 있고, 그 체험을 표현하기에 삼위일체가 유용한 은유이기 때문이 아니다. 우리가 삼위일체를 믿는 것은, 우리가 하나님을 "우리 아버지"로 부르며 기도하라고, 곧 하나님을 성부와 성자와 성령으로 부르라고 배웠기 때문이다. 성자이신 예수는 우리에게 하나님의 이름을 가르칠 수 있는 분이시기 때문이다.

갈라디아서 4:6-7은 이렇게 말한다. "여러분은 자녀이므로, 하나님께서 그 아들의 영을 우리의 마음에 보내 주셔서 우리가 하나님을 '아빠, 아버지'라고 부를 수 있게 하셨습니다. 그러므로 여러분

각 사람은 이제 종이 아니라 자녀입니다. 자녀이면, 하나님께서 세워 주신 상속자이기도 합니다." 그러므로 우리는 하나님과 우리의 관계를 지칭하기 위해 은유적으로 하나님을 "아버지"라고 부르는 것이며, 이 관계는 또한 "어머니"나 "친구" 같은 다른 은유를 가지고도 탐구할 수 있다.

우리가 하나님을 "아버지"라고 부를 때, 하나님을 우리의 생물학적 아버지에 빗대어 말하는 것이 아니다. 그보다는 우리가 평생에 걸쳐 오직 하나님만이 우리의 참된 아버지이심을 배워 감으로 인해, 모든 생물학적 아버지 됨이 그리스도를 통해 상대화 됨을 말하고 있는 것이다. 우리가 하나님을 "아버지"라고 부르는 것은, 우리가 우리의 생물학적 아버지들에게서 겪은 어떤 긍정적인 경험들을 하나님에게 투사했기 때문이 아니다. 오히려 모든 인간 아버지들이 우리의 하나님 아버지 경험에 기초하여 평가되고, 심판받으며, 부족함이 드러나는 것이다. 하나님의 아버지 되심은 모든 인간 아버지들에 대한 심판이다. 하나님을 아버지라고 부르며 기도하는 것은 현 상태의 인간 아버지들에 대한 도전이다. 교회를 가족이라고 부르는 것이 인간 가족의 한계와 죄에 도전하는 것이듯.

따라서 우리가 "우리 아버지"라고 기도하는 것은 현재 우리 문화 속 가족의 모습에 결정적인 도전을 제기하는 것이다. 이 기도를 배우는 이들에게 가장 중요한 가족은, 우리의 생물학적 가족이 아니라 우리에게 "우리 아버지"를 기도하도록 가르쳐 준 이들이다. 그러므로 예수께서는 이렇게 말씀하셨다. "너희는 땅에서 아무도 너희의 아버지라고 부르지 말아라. 너희의 아버지는 하늘에 계신 분, 한 분뿐이시다"(마 23:9). 하나님이 아버지시다. 교회가 곧 가족이다. 기독교는 우리에게 우리의 가족 너머를 보라고, 우리 자신을 세례를 통해 모든 가족, 나라, 종족, 문화로부터 불려 나온 **참** 가족—이것이 교회다—의 지체로 보라고 가르친다. 이것이 바로 세상의 기준으로 보자면 우리가 전혀 친구가 될 수 없는 이들과 함께 교회로 모이고 그들을 "자매"와 "형제"로 부를 수 있는 이유다.

이처럼 삼위일체가 그리스도인의 본질적인 생활 방식인 것은, 삼위일체가 하나님이 관계적인 존재이심을 분명히 가리켜 주기 때문이다. 이제 우리는 왜 예수께서 우리를 그토록 친구 삼고자 하시는지 깨닫게 된다. 그것이 바로 하나님의 존재 방식이기 때문이다. 하나님은 관계이시며, 성부와 성자와 성령 사이의 우정이시다. 하나님을 삼위일체로 명명하는 것은, 온 세상이 관계를 맺기 위해 창조되었음을 선언하는 것이다. 삼위일체—성부, 성자, 성령—는 온 세상이 우정과 관계를 향해 나아가고 있음을, 그래서 그 어느 것도—딱정벌레도 피리새도, 신자도 불신자도—결코 삼위일체 하나님으로부터 고립되어 있지 않음을 우리에게 지속적으로 상기시켜 준다. 삼위일체 하나님은 언제나 만유를 하나님과 관계 맺도록 움직여 가는 분이다. 우리를 창조하신 하나님은 나사렛 예수로서 우리에게 오신 하나님이며, 예수는 성령으로 영원토록 우리를 찾아오시는 분이다. 우리가 "우리 아버지"를 기도하는 것은, 그분 안에서 쉼을 얻기까지 우리의 삶이 쉼을 얻지 못하게 하신 하나님을 향해 나아가도록(롬 8:25), 무궁하고 풍성하신 삼위일체 하나님이 우리를 이끄시기 때문이다.

어떻게 기도해야 할지, 하나님께 뭐라고 말해야 할지 모를 때에도, 삼위일체 하나님이 우리를 도와주신다. 바울은 하나님께 무슨 말을 해야 할지 정말로 아는 사람은 아무도 없다고 말한다. 그러나 감사하게도 성령께서 우리가 말하도록 도우신다.

이와 같이, 성령께서도 우리의 약함을 도와주십니다. 우리는 어떻게 기도해야 할지 알지 못하지만, 성령께서 친히 이루 다 말할 수 없는 탄식으로, 우리를 대신하여 간구하여 주십니다. 사람의 마음을 꿰뚫어 보시는 하나님께서는, 성령의 생각이 어떠한지를 아십니다. 성령께서, 하나님의 뜻을 따라, 성도를 대신하여 간구하시기 때문입니다(롬 8:26-27).

우리는 그리스도인으로서 어떻게 기도해야 할지 모른다. 사실 우리는 그리스도인으로서 어떻게 살고 행동하고 믿고 느껴야 하는지 모르고 있다. 그러나 감사하게도, 우리가 무엇을 아느냐가 문제의 핵심은 아니다. 중요한 것은 성부, 성자, 성령으로서 하나님이 우리를 찾아오셨고, 우리를 아셨고, 우리의 약함을 도우셨고, 우리를 위해 대신 간구해 주셨다는 사실이다. 우리는 우리가 혼자 기도한다고 생각했지만, 실은 그분이 우리를 대신해 간구하고 계셨다.

그러므로 우리는 담대히 기도한다. "우리 아버지……"

# 2장_ 하늘에 계신

여러분이 나아가서 이른 곳은 시내 산 같은 곳이 아닙니다. 곧 만져 볼 수 있고, 불이 타오르고, 흑암과 침침함이 뒤덮고, 폭풍이 일고, 나팔이 울리고, 무서운 말소리가 들리는 그러한 곳이 아닙니다. 그 말소리를 들은 사람들은 자기들에게 더 말씀하시지 않기를 간청하였습니다.…… 우리 하나님은 태워 없애는 불이십니다 (히 12:18-19, 29).

우리는 하늘에 계신 하나님께 기도한다. 이는 이 기도를 함으로써 우리가 어떤 거대한 싸움에 참여한다는 사실을 일깨워 준다. 우리와 예수 사이의 일은 단순히 개인적인(personal) 사건이 아니다. 이는 우주적인(cosmic) 사건이다. 예수께서 우리에게 "우리 아버지"라 부르라고 가르쳐 주신 그 하나님은 온 우주를 다스리는 분, 지진과 바람과 불 속에서 말씀하시는 분이다. 여기에 못 미치는 신은 별볼일 없는 신에 불과하다. 이 세상에 정말 필요한 일—가난한 이들 중에서도 가장 가난한 이들, 아픈 이들 중에서도 가장 아픈 이들, 절망적인 이들 중에서도 가장 절망적인 이들에게 정말 필요한 일—은 단순한 사회 활동이나 자선이나 정치를 훨씬 뛰어넘는다. 현실의 문제는 우리가 도무지 손쓸 수 없을 만큼 어마어마(cosmic)하다. 악은 단순히 우리가 서로서로에게 범하는 사소하고 저급한 행동 따위가 아니다. 악은 조직적이고 대규모적이고 교묘하고 심원하고 우주적인 무엇이다.

> 우리의 싸움은 인간을 적대자로 상대하는 것이 아니라, 통치자들과 권세자들과 이 어두운 세계의 지배자들과 하늘에 있는 악한 영들을 상대로 하는 것입니다(엡 6:12).

만일 예수께서 우리에게 그저 유익한 도덕적 본보기, 지혜로운 윤리교사, 공감해 주는 친구에 지나지 않는 존재라면, 도대체 우리가 기도할 이유가 있을까? 아무리 최고의 도덕적 본보기라도, 그가 지금 덫에 빠져 있는 우리에게 대체 무슨 유익을 줄 수 있을까? 아무리 최선의 도덕적 노력을 다 기울이고 아무리 좋은 일을 다 행한다 한들, 여전히 고통과 아픔이 넘쳐나고 악은 여전히 건재하다. 따라서 하나님이 정말로 우리의 기도를 들으시고 행동하시는 분이냐 아니냐는 실로 엄청나게 중요한 문제다. 그렇지 않다면 우리의 기도는 전투가 아니라, 그저 자기암시나 자기치료에 불과할 것이다.

또 우리가 어디에 계신 하나님께 기도하느냐 하는 것도 실로 엄청나게 중요한 문제다. 만일 예수께서 그저 우리의 마음속에 안전히 계시는 존재라면, 만일 하나님이 그저 인간의 최선의 열망과 경험의 투사에 불과한 존재라면, 그런 존재는 그저 무시해 버리라. 그런 시시한 신들은 우리가 직면한 이 커다란 문제들을 해결할 만한 상대가 되지 못하기 때문이다.

그러나 우리는 "하늘에 계신" 하나님 아버지를 부르며, 그렇기에 우리는 세상을 위한 양식, 나라 간의 평화, 깨어진 결혼 관계의 회복, 암의 치유, 가뭄을 해갈해 줄 비와 같이 터무니 없어 보이는 엄청난 선물들을 달라고 담대히 기도하는 것이다. 우리가 담대하게 그러한 선물들을 위해 기도할 수 있는 것은 우리가 하늘에 계신 아버지께, 온 세상을 다스리시는 분께 기도하기 때문이다.

우리 하나님이 계시는 장소, 위치, 주소가 있다. 바로 하늘이다. 이 말은 하나님은 어디에나 계신—혹은 어디에도 계시지 않는—분이라는 말이 아니다. 실은 그 반대로, 우리 하나님은 어디에나 계신 분이 아니라, 특정한 곳에 계신 분이다. 그 특정한 장소에는 이름이 있다. 별이 총총한 밤에 아브라함이 받은 약속, 이스라엘과 맺은 언약, 모세가 받은 율법, 이스라엘의 땅, 다윗 왕의 소명, 예언자, 성전, 나사렛 예수, 사도들, 세례, 성만찬 등. 하나님이 그러한 곳에 계시는 것은, 우리 하나님이 자신이 만드신 모든 것의 주님이시기 때문이다. 하늘이란 하나님이 다스리시는 통치 영역을 일컫는 이름이다.

인간의 나라들은 끊임없이 하나님 나라의 위협을 받고 있다. 하늘이 도처에서 쳐들어오고 있다. 하나님의 통치 영역은 베들레헴 같은 실제 장소 속으로 쳐들어와, 마리아와 요셉, 가이사와 구레뇨 같은 실제 인물들의 삶을 와해시킨다.

그때에 아우구스투스 황제가 칙령을 내려 온 세계가 호적등록을 하게 되었는데, 이 첫번째 호적등록은 구레뇨가 시리아의 총독으로 있을 때에 시행한 것이다. 모든 사람이 호적등록을 하러 저마다 자기 고향으로 갔다. 요셉은 다윗 가문의 자손이므로, 갈릴리의 나사렛 동네에서 유대에 있는 베들레헴이라는 다윗의 동네로, 자기의 약혼자인 마리아와 함께 등록하러 올라갔다. 그때에 마리아는 임신중이었는데(눅 2:1-5).

사도신경은 예수께서 "전능하신 하나님 우편에 앉아" 계신다고 말하는데, 이는 예수께서 이러한 하나님의 통치를 하나님과 공유하신다는 주장이다. 여기 이 땅에서 우리가 겪는 일 가운데 예수께서 이미 겪지 않으셨던 일이란 아무것도 없다. 우리가 하나님의 보좌 앞에 가져가는 어떠한 간청도 예수께서 겟세마네 동산과 그 밖의 장소에서 드리신 기도들을 넘어서지 못한다. 거기 전능하신 하나님의 우편에 앉으신 예수께서는, 전에 제자들을 위해 기도하셨듯이 지금 우리를 위해 중보하실 수 있다. 부활하신 그리스도는 하나님께 이렇게 말씀하실 수 있다. "그가 아버지께 정말로 하고 싶은 말은…… 입니다." 혹은 "그들이 감히 용기가 없어 간청하지 못하고 있는 것은…… 입니다."

이 기도에서처럼 "우리 아버지"가 "하늘에 계신"다는 것을 이상하게 여기는 이들도 있을 것이다. 우리 대부분은 자신이 하나님께 가까이 가고 싶어하는 사람이라고 생각한다. 그러나 사실 우리는 [참 하나님이 아닌] 어떤 신을 더듬어 찾는 것이며 그런 신과 "친하게 지내고" 싶어하고, 그런 신을 "내가 필요한 친구"로 생각하는 것이다. 이처럼 우리는 어떻게든 하나님을 자기 형상대로 만들어 내려 하고, 급기야 어떤 이들은 "사용자 편의 중심의(user-friendly) 교회"를 만들어야 한다고 말하기도 한다. 카펫이 깔린 침실 같은 본당에 푹신한 의자가 놓여 있고 부대시설로 농구장을 구비한, 주변 문화와 너무도 흡사하게 만들어진 이 교회에서 우리가 무엇인가 낯선 것,

기이한 것과 마주칠 일은 전혀 없다.

그러나 하늘은 기이한 곳이다.

"하늘에 계신" 하나님께 기도한다는 것은 하나님을 자기 취향에 맞게 길들이려고 하는 현대인들에 대한 경고다. "하늘에 계신" 하나님은 우리 자신의, 우리가 가진 최선의 열망들의 희미한 반영 같은 것이 아니다. 이 하나님은 우리나라에 사는 분이 아니며, 우리의 예배당에 거주하는 분도 아니다. 하나님 아버지는 하늘에서 다스리시는 분이다. 그러므로 "예수님과의 인격적인 관계" 운운하며 그런 것―하나님과 화기애애하고 편안한 관계를 갖는 것―이 마치 기독교 신앙의 전부인 양 말하는 사람들의 말에 미혹되지 말라. 우리가 친밀하게 "아버지"라고 부르는 하나님은 또한 "하늘에 계신" 분이다. 나사렛 출신 유대인 예수에게서 계시된 하나님은 해와 별들을 움직이시는 하나님이다.

그러나 우리에게는 하늘에 올라가신 위대한 대제사장이신 하나님의 아들 예수가 계십니다. 그러므로 우리의 신앙고백을 굳게 지킵시다. 우리의 대제사장은 우리의 연약함을 동정하지 못하시는 분이 아닙니다. 그는 모든 점에서 우리와 마찬가지로 시험을 받으셨지만, 죄는 없으십니다. 그러므로 우리는 담대하게 은혜의 보좌로 나아갑시다. 그리하여 우리가 자비를 받고 은혜를 입어서, 제

때에 주시는 도움을 받도록 합시다(히 4:14-16).

성부와 성자께서 저 하늘과 이 땅에서 영원무궁히 다스리고 계시기 때문에, 삶은 그저 사건들의 연속이나 심지어 행운의 연속도 아니다. 우리의 삶은 사랑하시고 행동하시고 관여하시는 하나님의 섭리 아래 사는 것이다. 예수 안에서 우리는 하나님 아버지가 우리를 지켜보고 계심을 알게 된다(하나님은 참새가 먹을 것을 찾지 못하고 있는 모습을 지켜보신다, 마 6:26). 또 하나님에게는 후한 손이 있다(우리가 두드리기만 하면 문은 열린다, 마 7:7-8). 우리가 하나님 아버지를 아는 것은 하나님이 유일하신 아들을 통해 우리에게 자신을 계시하셨기 때문이다. 또 하나님도 아들의 계시를 통해 우리를 아신다. 하늘에 계신 아버지 오른편에 앉아 계신 성자께서 우리를 위해 아버지께 말씀해 주시기 때문이다.

믿음의 창시자요 완성자이신 예수를 바라봅시다. 그는 자기 앞에 놓여 있는 기쁨을 내다보고서, 부끄러움을 마음에 두지 않으시고, 십자가를 참으셨습니다. 그리하여 그는 하나님의 보좌 오른쪽에 앉으셨습니다(히 12:2).

하늘은 어떤 장소가 아니라 어떤 관념, 은유, 마음 상태라고 말하는 이들이 있을 것이다. 그렇지 않다. 주기도는 하나님이 계신 위치를 분명히 한다. 하나님은 언제 어디에나 계시는—따라서 지금 여기를 비롯해 어느 곳에도 안 계시는—모호하고 일반화된 범신론적 현존이 아니다. 하나님은 이스라엘 백성과 나사렛 예수의 인격을 통해 분명한 거처와 육체를 가지고 성육신하신 분이다. 이처럼 거처가 분명한 분이기 때문에, 하나님은 만물을 움직이게 해놓고 자신은 영원히 사라져 버리고 마는 그런 덧없는 현존이 아니다. 바울은 우리에게 "아빠! 아버지!"라 부르짖으라고 가르치는 그 영은, 단순히 개인적인 존재 훨씬 이상의 존재라고 말한다. 실은 이 부르짖음은 전 우주의 부르짖음이다.

> 모든 피조물이 이제까지 함께 신음하며, 함께 해산의 고통을 겪고 있다는 것을, 우리는 압니다. 그뿐만 아니라, 첫 열매로서 성령을 받은 우리도 자녀로 삼아 주실 것을, 곧 우리 몸을 속량하여 주실 것을 고대하면서, 속으로 신음하고 있습니다(롬 8:22-23).

따라서 하나님이 하늘에 계시다고 말하는 것은 하나님이 우리의 갈망만큼이나 우리 자신에게 가까이 계실 수 있음을 인정하는 것이다. 결국 우리는 하나님의 피조물이다. 예술가가 자신의 조각품에 초기 형태를 부여하고서도 계속해서 작업을 하듯, 하나님은 창조세계를 통해 계속 일하신다. 모두가 하나님의 피조물이기 때문이다. 하늘을 포함한 모든 피조물이 하나님 찬양하기를 갈망한다. 사도신경에서 우리는 이렇게 고백한다. "전능하사 천지를 만드신 하나님 아버지를 내가 믿사오며."

주님께서 손수 만드신
　저 큰 하늘과
　주님께서 친히 달아 놓으신 저 달과 별들을
　내가 봅니다⋯⋯.
주 우리의 하나님,
　주님의 이름이 온 땅에서
　어찌 그리 위엄이 넘치는지요(시 8:3, 9).

하나님은 자신의 거처를 자신이 창조한 세계의 바깥이 아니라 그 내부에 두기로, 예수의 인격 안에 두기로 선택하시는 분이다. 모든 바위나 나무, 습지 등에서 하나님을 찾을 수 있다고 주장하는 이들은, 흔히 하나님이 어디에나 동일하게 계시다고 생각하는 범신론자일 때가 많다. 그러나 하나님이 그렇게 모든 곳에 계시다면 결국 아무 데도 계시지 않는 것이며, 세상은 공허한 곳이 되고 만다. 실은 기독교가 범신론보다 훨씬 더 내재적인 하나님(하나님은 우리 가까이 계신다)을 말한다. 우리 하나님은 실제 장소(예루살렘)와 실제 얼굴(예수) 안에 계시기로 약속하는 분이기 때문이다.

게다가, 하늘에 계시다는 말은 하나님이 우리 모두를 대단히 잘 조망하신다는 말이기도 하다. 우리가 사물을 볼 때 우리의 시야는 근시안이 되기 쉽다. 대개 우리의 시야는 우리 자신을 넘어서기가 어렵다. 그러나 하나님은 보다 넓은 시야를 갖고 계신다. 세상을 바라보시는 하나님의 시야는 국경의 제한을 받지 않으신다. 하늘은 전체 그림을 조망할 수 있는 고지를 제공해 준다.

주님은 하늘에서 굽어보시며,

사람들을 낱낱이 살펴보신다.

계시는 그곳에서

땅 위에 사는 사람을 지켜보신다(시 33:13-14).

하지만 우리 하나님은 "하늘에 계신" 분이기 때문에 창조세계와 어느 정도 일정한 거리를 유지하고 계신다. 하나님은 창조자이지, 피조물이 아니시기 때문이다. 하나님은 우리 옆에 서기 위해 우리에게서 떨어지신다. 완벽하지는 않지만 다음과 같은 비유를 들어 보자. 부모라면 누구나 알듯이, 좋은 부모가 되려면 아이들과 대단히 가까워야ー이야기를 들어주고, 함께 시간을 보내고, 이야기를 들려주고ー

할 뿐 아니라 아이들과 일정한 거리를 둘 줄도 알아야 한다. 아이들을 훈육하고 조언도 주며, 아이가 단순히 부모의 부속물이 아니라는 사실을 늘 스스로 상기해야 한다. 하나님은 바로 그렇게 우리를 대하신다. 하늘에 계신 하나님은 하나님의 창조세계 및 피조물에 친밀히 관여하시지만, 하나님이 창조세계와 동일한 존재는 아닌 것이다.

앞 장에서 우리는 기도할 때 우리가 결코 혼자가 아니라는 사실을 살펴보았다. 우리는 언제나 "우리 아버지"라는 말로 기도를 시작한다. "우리"라고 기도할 때 그 기도 가운데 언제나 교회가 우리와 함께함을 말하는 것이며, 사실 기독교는 본질적으로 공동체와 연관된 것임을 살펴보았다. 이번 장의 "하늘" 이야기는 "우리"에 대한 생각을 확장시켜 준다. 이 "우리"에는 모든 성도들, 신앙 안에서 죽었고 이제 하늘에서 영원히 하나님을 즐거워하고 있는 모든 이들이 포함된다.

이렇게 구름 떼와 같이 수많은 증인이 우리를 둘러싸고 있으니 (히 12:1).

계시록의 비전에 따르면, 하늘은 사람들로 붐비고 떠들썩한 곳이다. 말하자면, 부활주일 로마의 성 베드로 광장이나 매주일 샌프란시스코의 글라이드 메모리얼(Glide Memorial) 교회와 비슷한 곳이다. 그

곳은 천상의 피조물―"수천 수만의 셀 수 없이 무수한 천사들"(계 5:11)―뿐 아니라, 신앙 안에서 죽었고 이제 하늘에서 충만한 시간을 누리고 있는 이들 곧 성도들이 있는 곳이다.

> 그러므로 그들은 하나님의 보좌 앞에 있고,
>> 하나님의 성전에서 밤낮 그분을 섬기고 있습니다.
>> 그리고 그 보좌에 앉으신 분이 그들을 덮는 장막이 되어 주실 것입니다.
> 그들은 다시는 주리지 않고, 목마르지도 않고,
>> 해나 그 밖에 어떤 열도 그들 위에 괴롭게 내려쬐지 않을 것입니다.
>> 보좌 한가운데 계신 어린양이 그들의 목자가 되셔서,
>> 생명의 샘물로 그들을 인도하실 것이고,
>> 하나님께서 그들의 눈에서 눈물을 말끔히 씻어 주실 것입니다.
>> (계 7:15-17).

따라서 하늘에 계신 아버지께 기도할 때 우리는 기도와 찬양으로 떠들썩하고 경건한 합창에 우리 목소리를 보태는 것이다. 우리는 이를 "성도의 교제"라 부른다. 성만찬 때 우리의 향연 식탁에는 우리 회중뿐 아니라 예수의 부활로 인해 생겨난 그 거대한 회중까지 다 참여하

는 것이다.

당신은 말주변이 없을 수 있다. 걱정하지 말라. 조지 허버트
(George Herbert), 성 프란체스코, 아빌라의 테레사가 당신과 더불
어 기도한다. 당신이 기독교 교리를 제대로 이해하지 못할 수 있다.
그래도 망설이지 말고 확신을 갖고 기도하라. 토마스 아퀴나스, 마
르틴 루터, 조지 하크니스(George Harkness)가 당신과 더불어 기도
한다. 당신이 기도 시간을 잘 내지 못할 수 있다. 그래도 할 수 있는
만큼 자주 기도하라. 당신의 기도는 디트리히 본회퍼(Dietrich
Bonhoeffer)와 도로시 데이(Dorothy Day)가 이미 시작한 기도에 합
류하고 있다.

우리 그리스도인들이 가진 희망은, 지금 여기 이 땅에서 하나
님의 통치에 참여하는 이들이 장차 있을 영원한 하나님의 최종적 승
리에 온전히 참여하게 되리라는 것이다. 우리는 주님의 집에 영원토
록 거하게 될 것이며(시 23), 그 집은 우리가 여기 이 땅에서 드리는
기도 가운데 준비된다.

# 3장_ 이름이 거룩히 여김을 받으시오며

하나님은 이름이 있다. 현대인은 하나님이 어떤 개념이며, "성부, 성자, 성령"은 그리스도인들이 그 개념에 붙인 꼬리표라고 생각하는 경향이 있다. 그들은 하나님이란 인간에게 있는 최고 최선의 열망들의 총합이거나 원시적 사고에 따른 도덕, 혹은 우리 각자가 혼자 생각에 잠길 때 갖게 되는 어떤 경험의 표출이라고 생각한다. 그러나 주기도를 기도할 때, 우리는 전혀 다른 것을 말하는 것이다. 우리는 하나님이 인격적이고, 살아 계시고, 행동하시며, 이름을 가진 분이라고 말하는 것이다.

히브리인들의 출애굽 이야기 서두를 보면 하나님이 불붙은 덤불 가운데서 모세에게 나타나는 장면이 있다. 모세가 묻는다. "당신은 누구십니까? 이스라엘 백성에게 가서 누가 저를 보냈다고 말해야 합니까?"

모세는 지금 자신이 어떤 개념이나 어떤 모호한 관념의 영을 대면하고 있는 것이 아님을 깨달은 것이다. 그는 고유한 행동 방식을 가진 고유한 하나님과 마주한 것이다. 이 하나님은 압제받는 백성의 부르짖음을 들으셨다. 또한 이 하나님은 들으셨을 뿐 아니라 행동하셨다. 이 하나님은 파라오 같은 모든 왕들보다 더 크신 존재다. 이 하나님은 모세같이 생소하고 부적합해 보이는 사람을 택해서 왕실을 와해시키는 일에 사용하시는 분이다. "당신은 어떤 존재입니까?" 모세가 묻는다. "당신은 '해방'이나 '자존감'이나 '자유' 같은 어떤 개념입니까?" 하나님의 첫번째 대답은 우리의 말문을 막아 버린다. "나는 나다." 혹은 "나는 내가 함께하는 이들과 언제나 함께할 것이다." 즉, 이 하나님은 자신의 정체성을 스스로 창조하시는 분이다. 살아 있고 참되신 이 하나님은 인간의 변덕과 요청에 좌지우지될 수 없는 분이다. 이 하나님은 주권자, 자유로우신 분, 길들여질 수 없는 분, 긍휼을 베푸시는 분, 거룩하신 분이다.

하나님의 이름을 듣자마자 모세는 "하나님을 뵙기가 두려워서, 얼굴을 가렸다"(출 3:6). 누군들 그렇지 않을 수 있을까? 하나님의 길은 우리의 길과 같지 않다는 것(사 55:8), 우리 하나님은 파라오의 수호자가 아니라는 것, 하늘에 안전히 숨어 계신 존재가 아니라 여기 이 땅의 권력들을 와해시키느라 바쁘신 분이라는 사실을 알게 될 때, 우리는 두려움에 젖게 된다. 우리도 모세처럼 이 거룩하신 하나님을 바라볼 수 없다. 하지만 모세처럼 하나님께 말할 수 있고 하나님의 이름을 부르며 기도할 수 있다. 은혜의 하나님이 우리에게 자신의 이름을 말해 주셨기 때문이다.

이 하나님이 하늘과 땅을 다스리시니, 이 하나님의 이름은 거룩하다. 이 이름 앞에 모든 피조물―긴수염고래, 앵무새, 사람들―이 무릎 꿇는다(계 4-5장). 하나님의 이름을 알지 못하는 것, 하나님의 이름을 거룩하게 여기는 법을 알지 못하는 것, 다시 말해, 하나님을 경배하는 법을 모른다는 것은 곧 우리가 자신의 참된 자아와 근본적으로 갈등하며 산다는 뜻이다. 우리는 다름 아니라 찬양을 위해 지음받은 존재이기 때문이다. 성 아우구스티누스(St. Augustine)가 말했다. "주님, 당신께서 우리를 지으셨으니, 주님 안에서 안식을 얻기까지 우리 마음은 쉴 수가 없습니다."

우리가 지금 하나님을 바르게 찬양하는 법을 모른 채 살고 있다는 사실은 명백하다. 조간신문의 머리기사만 봐도 우리가 지금 소외와 무질서 가운데 살고 있다는 사실을 알 수 있다. 살인과 절도, 폭력, 우리가 즐겨 관여하는 커다란 악, 그리고 인간관계에서 행하는 자잘하고 비열한 행동들. 이 모두는 죄라기보다는 죄의 결과다. 우리는 하나님을 찬양하기 위해, 하나님을 더없이 즐거워하기 위해 창조되었다. 하지만 우리는 불안스레 자기 힘으로 자기 자아의 안전을 확보하려 하고, 스스로 자기 삶에 의미를 부여하려고 미친듯이 동분 서주한다. 선하신 하나님이 기꺼이 "우리 아버지"가 되어 주심으로써 이미 우리 삶에 의미를 부여해 주셨음을 인정하지 못한다. 죄란 하나님과 음정을 맞추지 않고 노래하는 것이다.

모든 창조세계는 하나님의 이름을 거룩하게 하기 위해 창조되었다. 우리는 찬미의 가락을 배워야 한다. 주기도를 배울 때 우리는 하나님의 이름을 거룩하게 여기는 법을, 하나님을 바르게 찬양하는 법을 배우는 것이다. 존재하는 모든 것은 하나님의 선하신 이름을 찬양하기 위해 존재한다. 이 찬양이 우리의 정체성을 이룬다. 따라서 우리 중 누구도 자신이 자기 삶의 전부인 양 살아갈 수는 없다. 우리 중 누구도 "그저 한 사람"에 불과한 사람, "그저 경리"에 불과한 사람은 없다. "우리 아버지"라고 기도할 때 우리는 하나님께 징집되어, 숙명(fate)에 묶여 있다고 여겼던 우리 삶이 하나님의 선한 뜻 (destiny)에 따른 삶으로 변모되는 것을 보게 된다. 우리는 보다 큰 그림 안에서 중요한 존재가 되며, 순전히 사적이고 개인적인 삶을 뛰어넘는 커다란 모험에 참여하게 된 것을 기뻐하며, 모든 피조물이 거룩하신 하나님께 찬양하는 소리에 우리 목소리를 보태게 된다. 그 하나님은 자신을 낮추시는 하나님, 우리의 찬양을 즐거워하시는 하나님, 심지어 우리의 노래를 기뻐 들으시는 하나님이다. 이 기도는 우리가 하는 모든 일에서 하나님의 이름을 거룩하게 할 것을 가르쳐 준다. 그리고 그렇게 할 때 우리는 자신의 참 존재를 발견하게 된다.

주기도를 기도하는 가운데 우리는 하나님께 징집되고, 성별되고, 구별되고, 서임받고, 성화되었다. 우리는 거룩하신 하나님이 통치하신다는 사실, 피조물에 대한 정당한 소유권이 하나님께 있다는 사실, 그리고 하나님이 자신의 정당한 영토를 얼마간 원수로부터 되찾으셨다는 사실 등을 세상에 분명히 나타내 보여주는 삶을 살라는 사명을 부여받았다. 하나님이 다시 되찾으신 그 영토란 바로 우리 자신들이다. "이름이 거룩히 여김을 받으시오며"라고 기도하는 우리들이다.

시편을 한번 훑어보라. 그러면 시편이 얼마나 자주 이스라엘과 교회를 향해 하나님을 찬양하라고 권하고 있는지 보일 것이다. 마치 찬양이 이스라엘과 교회가 존재하는 근본 목적이라고 말하는 듯하다. 찬양은 우리의 자연스런 성향과 맞지 않을 수 있다. 그래서 우리는 찬양에 초청받고, 찬양하는 법을 배울 필요가 있는 것이다.


할렐루야.

주님의 성소에서 하나님을 찬양하여라.

하늘 웅장한 창공에서 찬양하여라.

주님이 위대한 일을 하셨으니, 주님을 찬양하여라.

주님은 더없이 위대하시니, 주님을 찬양하여라.

나팔 소리를 울리면서 주님을 찬양하고,
    거문고와 수금을 타면서 주님을 찬양하여라.
소구 치며 춤추면서 주님을 찬양하고,
    현금을 뜯고 피리 불면서 주님을 찬양하여라.

오묘한 소리 나는 제금을 치면서 주님을 찬양하고,
    큰소리 나는 제금을 치면서 주님을 찬양하여라.
숨쉬는 사람마다 주님을 찬양하여라.
할렐루야(시 150).

"이름이 거룩히 여김을 받으시오며"는, 뒤따르는 기도인 "나라가 임하옵시며, 뜻이 하늘에서 이룬 것같이 땅에서도 이루어지이다"와 긴밀하게 연결되어 있다. 하나님의 거룩에 대한 적합한 응답은 우리의 모든 행동과 말에 있어서 하나님의 이름을 높이는 것이다. 하나님을 예배하는 것과 하나님의 거룩을 찬양하는 것은, 윤리 곧 하나님의 거룩의 빛 안에서 사는 삶과 연결되어 있다.

    제2 바티칸 공의회는 기독교 예배를 "하나님을 영화롭게 하며 신자들을 성화시켜 주는 것"이라고 기술했다. 우리가 예배 가운데 하나님을 영화롭게 할 때, 우리는 그만큼 성화되며 일상생활 가운데 거룩해진다. 성화는 거룩해진다는 뜻의 교회 용어다. 하나님을 찬양할 때, 우리는 하나님의 형상대로 빚어진다. 아우구스티누스가 말했듯이, "우리는 우리가 찬미하는 대상을 닮아 간다."

산상수훈에서 예수께서는 "하늘에 계신 너희 아버지께서 완전하신 것같이, 너희도 완전하여라"라는 다소 충격적인 주장을 하신다(마 5:48). 여기서 "완전하다"는 말은 헬라어 '텔레이오이'(teleioi)로서, 목표 또는 완성이라는 의미의 "마침"(end)이라는 말로 번역될수 있다. 즉, 최종적 성숙이라는 의미의 완전을 뜻한다. 우리가 예배 중에 거룩하신 하나님을 찬미할 때, 우리 자신이 보다 거룩해진다. 주기도를 기도할 때, 우리는 우리가 기도드리는 그분을 더욱더 닮아가게 된다.

한 걸음 더 나아가, 이 완전은 원수 사랑하기를 배우는 것과 관련이 있다. "'네 이웃을 사랑하고, 네 원수를 미워하여라' 하고 말한 것을 너희는 들었다. 그러나 나는 너희에게 말한다. 너희 원수를 사랑하고, 너희를 박해하는 사람을 위하여 기도하여라. 그래야만 너희가 하늘에 계신 너희 아버지의 자녀가 될 것이다"(마 5:43-45).

지금 예수께서 제자들에게 원수가 있을 것을 당연시 하고 계심에 주목하라. 그리스도인이 된다는 것은, 세상이 그럭저럭 살 만한 곳으로 바뀐다든지 세상에서 평화롭게 살게 된다는 것을 의미하지 않는다. 그렇지 않다. 그리스도인이 된다는 것은, 만일 그리스도인이 되지 않았더라면 생기지 않았을 원수를 갖게 된다는 뜻이다.

또 주목해야 할 것은, 그러한 원수가 생겨나는 것은 우리가 폭력이나 적의가 아닌 용서에 입각해 살아가는 공동체에 참여하기 때문이라는 점이다. 그리스도인은 용서를 베푸는 사람이기 이전에, 먼저 용서를 받은 사람이다. 우리는 화해의 삶을 추구하는 존재이기 때문에, 우리의 삶이 하나님 앞에 드리는 하나의 강력한 기도로 하나가 되지 못한다면 우리의 삶은 결국 아무 의미가 없다. 이러한 화해가 가능한 것은, 우리가 "고안해 내지" 않은 우리 삶의 이야기에 참여함으로써 우리가 용서받았고 의롭다 여김을 받았기 때문이다.

그리스도인에게 있어 완전이란 전적으로 용서를 받아들이는 능력을 갖춘 백성이 된다는 뜻이다. 그런 백성이 될 때 우리는 우리의 원수들에게도 참회와 화해를 통해 그 용서를 베풀 수 있게 된다. 하지만 우리는 그러한 베풂으로 인해 우리의 원수가 친구로 바뀔 것이라는 환상은 결코 품지 않는다. 사실 용서는 오히려 원수를 격노케 할 수도 있다. 예수께서는 우리가 다른 쪽 뺨을 돌려대면 우리가 맞지 않을 것이라고 말씀하지 않으셨다. 그분은 다만, 우리가 그분처럼 산다면 우리도 하나님이 세상을 다스리시는 방식대로 살아가게 될 것이라고 말씀하신 것이다.

어쩌면 당신은 "기독교 신앙의 주된 요지는 옳은 일을 하고 선한 삶을 살고자 애쓰는 것"이라고 생각해 왔을지 모르겠다. 그러나 이런 관점은 본말이 전도된 것이다. 기독교는 우리가 어떤 일을 하고 어떻게 사느냐 하는 문제가 **아니라**, 먼저 하나님이 그리스도 안에서 무슨 일을 행하셨는지의 문제다. 먼저 하나님이 어떤 분이신지를 알기까지 우리는 어떻게 살아야 하는지 알지 못한다. 따라서 하나님의 이름을 거룩하다 말하는 것은 곧 우리가 어떻게 살아야 하는지를 말해 주는 것이다. 창조자를 아는 것은 창조세계가 어떤 방향으로 나아가야 하는지를 우리에게 말해 준다.

어쩌면 당신은, 우리가 그리스도인의 삶에 대한 이야기를 시작하면서 낙태나 약물중독이나 사형제도 같은 윤리적 난제를 지적하고 그 주제를 보는 기독교적 관점과 그 문제에 대한 바른 기독교적 대응을 이야기하지 않은 것에 놀랐을지 모르겠다.

우리가 어떤 도덕적 문제나 윤리적 난제에 관한 이야기로 시작하지 않았다는 사실에 주목하라. 우리는 기도로 시작했다. 먼저 그 기도로 기도하기를 배우고, 그 기도가 인도하는 길을 따라 기도하고, 그 방향으로 당신의 삶을 전향시키는 법을 배우라. 그러면 당신은 어떻게 살아야 하는지를 알게 될 것이다. 그리스도인도 유대인처럼 예배와 윤리 사이를 그다지 명확히 구분하지 않는다. 우리의 도덕적 삶은 예배를 통해(liturgically) 빚어진다. 즉, 우리의 윤리는 우리가 드리는 예배의 부산물이다. 예배와 윤리 사이의 이러한 역학 관계는 성경 곳곳에서 거듭거듭 발견할 수 있다. 먼저 베드로는 기쁨이 충만하여 이렇게 노래한다. "그러나 여러분은 택하심을 받은 족속이요, 왕과 같은 제사장들이요, 거룩한 민족이요, 하나님의 소유가 된 백성입니다." 그 다음, 그는 이렇게 말한다. "그래서 여러분을 어둠에서 불러내어 자기의 놀라운 빛 가운데로 인도하신 분의 업적을, 여러분이 선포하는 것입니다"(벧전 2:9).

예배와 윤리가 어떻게 연결되는지 보이는가? 우리는 먼저 "하나님의 소유가 된 백성"으로 택함받고, 서임받고, 입양된다. **그 목적은 우리의 말과 행위로 하나님의 능하신 역사를 선포하게 하기 위함이다.**

또 베드로는 우리에게 "전에는 자비를 입지 못한 사람이었으나, 지금은 자비를 입은 사람입니다"라고 말한 뒤, 이렇게 요구한다. "사랑하는 여러분, 나는 나그네와 거류민 같은 여러분에게 권합니다. 영혼을 거슬러 싸우는 육체적 정욕을 멀리하십시오. 여러분은 이방 사람 가운데서 행실을 바르게 하십시오"(벧전 2:11-12).

여기서 그리스도인을 일컬어 "나그네"(외국인), "거류민" 같은 생경한 정치적 용어를 사용하고, 심지어 그리스도인의 삶을 "싸움"(전투)으로 부르는 것에 주목하라. 주기도는 카운트다운을 시작한 교회 내부의 시한폭탄과 같다. 곧 폭발하여 온갖 거짓 신들을 섬기는 우리의 성전을 부숴 버릴 폭탄과 같다. 당신이 미처 주목하지 못했을 수 있으나, "이름이 거룩히 여김을 받으시오며"라고 말할 때마다 당신은 지금 자신을 갈등의 한복판, 어쩌면 전쟁의 한복판으로 데려다 놓는 혁명적 주장을 한 셈이다.

지금 우리 문화에 만연해 있는 쾌락주의, 우상숭배에 가까운 국가숭배, 자아를 비롯한 온갖 신들에 대한 숭배에 맞서 당신의 삶을 이스라엘의 거룩하신 하나님께 드리고, 당신이 하는 모든 일에서 그 이름을 거룩히 여기어 보라. 그러면 세상은 당신을 "외국인"이요 "거류민"이라고 부르기 시작할 것이다. 우리 문화는 그 문화의 제단에 절하지 않는 사람들을 몰아내는 일에 능하다.

"이름이 거룩히 여김을 받으시오며"라는 기도는, 하나님이 자신의 이름을 거룩하게 하시기를 바라는 요청인 동시에 우리가 하나님의 이름을 오용하지 않겠다는 우리 편의 서약이기도 하다. 이것이 하나님의 이름을 "망령되이" 일컫지 말라는 십계명의 의미다. 오늘날 우리는 하나님의 이름이 자주 망령되이 일컬어지는 것을 목격한다. "하나님의 저주를 받아라"(God damn)는 말이 신성모독적인 언사이기는 하지만, 최악의 모독은 아니다. 하나님의 거룩한 이름에 대한 최대의 모독은 "Gott mit Uns"(하나님이 우리와 함께하신다)라는 표어를 전투모에 달고 2차 세계대전에 참전한 독일 군인들의 행위다. 자유롭고 능하신 하나님을 자신의 대의를 지지하는 수호자로 부르는 것이 바로 하나님의 이름을 망령되이 일컫는 것이다. "하늘에 계신 우리 아버지, 이름이 거룩히 여김을 받으시오며"라고 기도하며 살아온 사람이라면, 하나님의 목에 끈을 매어 자신이 벌인 십자군 전쟁이나 잔인한 행위에 하나님을 끌어들이는 식으로 하나님의 거룩하심을 남용할 수 없다. 거룩하신 하나님은 그런 식으로 우리에게 좌지우지되지 않으신다. 따라서 한 나라의 대통령이 공적인 자리에서, 전쟁에 참전하려는 그 나라의 군대에 복을 내려 달라고 하나님께 기도한다면, 이것이야말로 신성모독 행위다. 하나님의 이름을 우리의 대의를 위한 인준 도장으로 사용해서는 안된다.

이는 결국 누구(무엇)를 높일 것인가의 문제다. 오직 하나님만이 높임을 받으셔야 한다. 좋은 소식이 있다. 우리가 하나님께 드려야 할 영예는 찬양과 기도라는 사실이다. 이 찬양이, 세상이 우리에게 제안하는 거짓—우리를 유혹하고 파괴하는—영예로부터 우리를 지켜 준다. 우리는 높은 지위 얻기를 간절히 원한다. 우리 자신은 다른 사람을 주목하지 않으면서도 우리는 다른 사람의 주목받기를 원한다. 하지만 우리가 하나님의 이름을 높이며 하나님께 드리는 영예야말로 진정으로 가치 있는 유일한 영예다. 그럴 때 우리는 영예를 쟁취하고자 하나님의 이름으로 다른 사람을 죽이려는 우리의 세속적 갈망에서 "구원" 받는다.

필자가 알고 있는 어느 대학생은 그의 가족 중 최초로 대학에 들어간 친구다. 그 학생에게 최근 이런 일이 있었다. 어떤 이가 그에게 마약을 권하며 말했다. "한번 해봐. 기분이 좋아질 거야." 그 학생이 답했다. "아니, 하지 않겠어."

"불안해할 거 없어" 마약 딜러가 말했다. "조금 맛보고 기분을 업 시켜 본다고 해도, 아무도 모를 거야."

그 학생이 말했다. "그래서 그런 게 아니야. 중요한 건, 나를 이 대학에 보내기 위해 우리 어머니가 청소부로, 파출부로 일하셨다는 사실이야. 내가 여기 있는 건 어머니 덕분이지. 나도 어머니를 위해 여기 있는 거구. 그래서 난 나를 위해 희생하신 어머니의 희생을 욕보이는 짓은 무엇이든 하지 않을 거야."

이 이야기는 거룩하신 하나님을 향한 우리의 마땅한 반응과 매우 흡사하다. 그리스도인은 도둑질하지 않고, 배우자에게 충실하고, 전쟁을 축복하지 않는다. 그러나 이것은 우리가 하나님에게서 좋은 점수를 따기 위해서가 아니다. 그리스도 안에서 우리는 이미 하나님과 바른 관계에 있기 때문이다. 우리는 하나님의 이름, 하나님의 거룩하신 이름을 아는 지식의 빛 아래 살아야 한다. 우리가 복음에 충실하게 살고자 애쓸 때 어려움을 만나게 되더라도 전혀 놀랄 일이 아니다. 그것은 하나님 나라의 영토 회복에 필요한 대가다.

주기도를 기도할 때, 하나님의 거룩하심을 명명할 때 우리는, 하나님이 어떤 분인지를 발견할 뿐 아니라 우리가 어떤 존재인지도 발견하게 된다. 우리가 우리 자신의 소유가 아니라는 사실을 매일

상기하게 된다. 우리는 우리 자신의 소유도, 우리 욕망의 소유도 아니다. 하나님의 소유다. 그래서 하이델베르크 요리문답은 그리스도 인에게 이렇게 묻는다. "살아서나 죽어서나 당신의 유일한 위로는 무엇입니까?" 그 대답을 아는가? "내 몸과 영혼 모두가 살아서나 죽어서나 내 소유가 아니라 나의 신실한 구원자 예수 그리스도의 소유라는 사실입니다." 우리가 기도 가운데 그 이름을 부르는 하나님은 우리의 이름을 부르셨고, 우리를 징집하셨고, 택하셨고, 세상을 향한 제사장으로 임명하셨다. 우리는 하나님의 소유다.

우리는 기도로 산다.

# 4장_ 나라가 임하옵시며

예기치 않게 그리고 매우 놀랍게도, 이 지점에서 그리스도인의 기도는 정치적 성격을 띠게 된다. 이제까지 우리는 하나님과 천국과 거룩에 대해 말해 왔다. 그런데 갑자기 나라에 관한 정치적인 논쟁의 한복판에 들어서게 된다. 지금까지 우리가 살아온 옛 영역에 의문을 제기하는 전혀 새로운 영역에 들어선 것이다. 우리는 "주님, 우리나라에 복을 주소서"라거나 "주님, 우리 가정을 지켜 주소서"라고 기도하지 않는다. 우리는 **주님**의 나라가 임하게 해달라고 기도한다.

이 지점에서 주기도는 구체적이고 현실적인 세계를 향해 움직여 간다. 이 기도는 더 구체적이고 현실적이 될 것이다. 이제 이 기도는 나라에 대한 이야기에서 시작하여 땅에 대한 이야기로, 양식에 대한 이야기로 곧 옮겨 갈 것이기 때문이다. 소위 영적인 것에 열광하는 이 시대에, 기독교가 대단히 물질적인 종교라는 사실은 어쩌면 많은 이들에게 충격으로 다가올 수도 있다. 우리의 목표는 온갖 뜬구름 잡는 영적인 이야기로 당신의 머릿속을 가득 채워 당신이 이 땅에서 1미터쯤 떠다니게 하려는 것이 아니다. 우리의 목표는, 정치나 양식 같은 물질적인 문제가 영적인 문제가 되는 기도를 당신에게 가르치는 것이다. 예수께서 오신 목적은 우리로 하여금 그분에 대해 어떤 사상을 갖게 하거나, 어떤 깊은 감정을 갖도록 하려는 것이 아니었다. 우리를 제자로 부르실 때 그분은 육신 없는 영혼을 찾으신 것이 아니었다. 예수께서는 우리에게 그분의 나라에 동참하라고 초청하셨다. 그가 사람들을 치유하고 귀신들을 내쫓으실 때, 우리는 "하나님 나라가 저들에게 임했다"는 것을 알아채야 한다.

> 요한이 잡힌 뒤에, 예수께서 갈릴리에 오셔서, 하나님의 복음을 선포하셨다. "때가 찼다. 하나님의 나라가 가까이 왔다. 회개하여라. 복음을 믿어라"(막 1:14-15).

하나님 나라가 가까이 왔다는 사실은 우리 편의 응답과 결단을 요구한다. 이 응답과 결단을 일컬어 우리는 회개라 부른다. 우리는 이 나라에 참여할 것인가, 말 것인가? "나라가 임하옵시며"라고 기도할 때 우리는, 예수를 믿는 신앙이 단순히 어떤 관념이나 감정이 아님을 인정하는 것이다. 그 신앙은 우리가 참여해야 하는 구체적인 실재다. 거기에 참여하지 않는다는 것은, 하나님이 예수 안에서 이 세상에 오신 그 길과 발을 맞추지 못하는 것이다. 하나님 나라가 임할 때, 우리는 "회개하고[즉, 변화되어 이전 나라의 시민권을 버리고] 복음을 믿어야[즉, 이 혁명에 동참해야]" 한다.

기독교는 언제나 종교와 정치를 서로 연관시킨다. 주기도가 묘사하듯, 예수는 대단히 "정치적인" 분이다. 이 세상 통치자들은 적어도 예수를 제대로 알아보았고, 그가 큰 골칫거리라는 사실을 알아챘다. 마태는, 예수께서 태어나셨다는 소식을 접한 헤롯 왕이 자신의 정치 참모들을 소집했고, "당황하였고, 온 예루살렘 사람들도 그와 함께 당황하였다"는 사실을 전해 준다(마 2:3). 오랫동안 권좌에 있던 헤롯에게는 자신의 통치에 위협이 되는 인물을 알아보는 안목이 있었던 것이다. 헤롯은, 베들레헴에 태어난 아기가 자신의 왕국의 토대를 뒤흔드는 위험 인물임을 알아차렸다. 그래서 그는 통치자들이 흔히 하는 그런 통상적인 방법으로 대응했다. 폭력이었다. 헤롯은 군대를 소집했고, 군인들은 유대의 모든 사내아이들을 학살했다(마 2:13-18). 너무도 끔찍한 일이지만, 권력에 대항하는 유대인들의 도전을 제거하려는 정부가 자행하는 끔찍한 사례 중 하나일 뿐이다. "나라가 임하옵시며"라고 기도할 때 우리는 권력 투쟁의 한복판에 서게 된다. 이 싸움은 흔히 폭력적인 성격을 띠는데, 세상 나라들이 한사코 자신의 권력을 포기하려 들지 않기 때문이다.

지상 사역 초기, 심지어 자신의 첫번째 가르침을 주기도 전에 예수께서는 자기에게 경배만 하면 완벽한 정치적 권력—**세상 모든 나라들**—을 주겠다는 사탄의 도전을 받으셨다. ("세상 모든 나라들"이 사탄에게 속해 있으며, 사탄이 그것들을 줄 수 있다는 사실에 주목하라!)

> 그랬더니 악마는 예수를 높은 데로 이끌고 가서, 순식간에 세계 모든 나라를 그에게 보여주었다. 그리고 나서 악마는 그에게 말하였다. "내가 이 모든 권세와 그 영광을 너에게 주겠다. 이것은 나에게 넘어온 것이니, 내가 주고 싶은 사람에게 준다. 그러므로 네가 내 앞에 엎드려 절하면, 이 모든 것을 너에게 주겠다." 예수께서 악마에게 대답하셨다. "성경에 기록하기를 '주 너의 하나님께 경배하고, 그분만을 섬겨라' 하였다"(눅 4:5-8).

예수께서는 사탄 경배하기를 거부하셨다. 경배만 하면 완전한 권력—세상 나라의 정의에 따른 권력—을 보상으로 받을 수 있었음에도 말이다. 예수께서는 세상 나라를 지배하기보다는 새로운 나라를 세우고자 하셨다. 이 세상 안에 있지만 이 세상에 속하지 않은 나라, 그가 하나님 나라라고 불렀던 나라였다.

루터가 말했듯이, 우리가 자기 자녀까지 바치려고 하는 대상이 있다면 그것이 바로 우리의 신이다. 자기 자식을 죽는 데 바칠 수 있다고 생각하는 사람은 거의 없을 것이다. 그러나 자녀들을 군복무시키는 것이 실은 그와 같은 일일 수 있다고는 아무도 생각하지 못하는 것 같다. 우리는 미국의 민주주의와 자유를 위한 일이라는 근거를 들어 우리 자녀들을 그렇게 희생시키는 것을 정당화한다. 그러나 사실 그것은 예배와 기도의 문제일 수 있다.

예수께서 받으신 사탄의 유혹 이야기가 보여주듯, 나라(kingdom)는 우리가 누구를 예배하느냐의 문제다. 이 나라의 일원이 된다는 것은 이 땅에서 우리가 누구의 다스림을 받으며, 궁극적으로 누구의 뜻을 가장 중요하게 여길 것인가의 문제다. 신자들로 하여금 이 땅의 일에 관심을 갖지 않도록 하는 신앙이 있다. 칼과 방패, 포도주와 빵, 정치와 권력 같은 외적이고 눈에 보이는 일들을 우리의 관심 밖으로 밀어내는 신앙 형태가 있을 수 있다. 기독교는 그런 종교가 아니다. 우리는 온전한 당신, 곧 당신의 몸과 영혼 전부를 원한다. 사실, 우리는 당신의 몸이 곧 당신의 영혼이라고 믿는다. 그래서 우리는 당신이 돈을 쓰는 방식, 당신이 시간을 쓰는 방식, 당신이 투표하는 방식에 깊은 관심을 갖는 것이다.

나라에는 경계가 있다. 시민과 시민 아닌 자가 나뉜다. "우리 아버지"께 드리는 기도는 포용성을 내포하고 있지만, "나라가 임하옵시며"라고 기도할 때 우리는 배타성을 주장하는 것이기도 하다. 그리스도인으로서 우리는 경계를 긋는 것에 반대하지는 않는다. 세상과 하나님 나라 사이에는 분명한 경계선이 그어져야 한다. 예수를 처음 만난 이들은, 그분이 그들이 이제껏 만나 본 어느 누구와도 다른 분임을 분명히 알아보았다. 예수께 매력을 느끼는 사람보다 거부감을 갖는 사람이 더 많았다.

어떤 지도자가 예수께 물었다. "선하신 선생님, 내가 무엇을 해야 영생을 얻겠습니까?" 예수께서 그에게 말씀하셨다. "어찌하여 너는 나를 선하다고 하느냐? 하나님 한분밖에는 선한 분이 없다. 너는 계명을 알고 있을 것이다. '간음하지 말아라, 살인하지 말아라, 도둑질하지 말아라, 거짓으로 증언하지 말아라, 네 부모를 공경하여라' 하지 않았느냐?" 그가 말하였다. "나는 이런 모든 것은 어려서부터 다 지켰습니다." 예수께서 이 말을 들으시고 그에게 말씀하셨다. "네게는 아직도 한 가지 부족한 것이 있다. 네가 가진 것을 다 팔아서, 가난한 사람들에게 나누어 주어라. 그리하면 네가 하늘에서 보화를 차지하게 될 것이다. 그리고 와서 나를 따라라." 이 말씀을 듣고서, 그는 몹시 근심하였다. 그가 큰 부자이기 때문이었다. 예수께서는 그가 〔근심에 사로잡힌 것을〕 보시고 말씀하셨다. "재물을 가진 사람이 하나님 나라에 들어가기는 참으로 어렵다. 부자가 하나님의 나라에 들어가는 것보다 낙타가 바늘 귀로 들어가는 것이 더 쉽다"(눅 18:18-25).

예수께서는 자신이 이 세상 나라와 전혀 다른 어떤 곳에서 온 존재임을 분명히 하신다. 전에 C. S. 루이스(Lewis)가 말한 것처럼, 예수께서 말씀하고 행동하신 방식은 사람들로 하여금 그분의 제자가 되게 만들거나, 그렇지 않으면 그분을 미친 사람으로 여기게끔 만들거나 둘 중 하나다. 그분의 나라에 회색 지대란 없다. 당신은 그 나라를 향해 가면서 그분의 계획에 사로잡히든지 아니면 위의 부자 관원처럼 세상 나라의 시민권을 계속 보유하고픈 자기 마음을 깨닫고는 예수를 떠나든지, 둘 중 하나만을 할 수 있을 뿐이다.

> 사람들은 그의 가르침에 놀랐다. 예수께서 율법학자들과는 달리 권위 있게 가르치셨기 때문이다.…… 사람들이 모두 놀라서 "이게 어찌된 일이냐? 권위 있는 새로운 가르침이다! 그가 악한 귀신들에게 명하시니, 그들도 복종하는구나!" 하면서 서로 물었다 (막 1:22, 27).

우리가 경계를 긋는 일 자체를 반대하는 것은 아니나, 하나님 나라는 우리로 하여금 세상이 경계를 긋는 방식ㅡ성, 계급, 인종, 경제,

억양 등에 기초한—에 반대할 수 있는 능력을 준다. 경계선을 긋고 그 경계선을 지키기 위해 온갖 흉악한 방법을 동원하는 현대 국가의 행태만큼 편협하고 옹졸한 일도 없다. 하나님 나라의 경계는 사람들 사이를 나누는 세상의 모든 잘못된 경계선을 지워 버린다. 여기 모두에게 열려 있는 나라가 있다. 세상이 그어 놓은 모든 경계가 허물어지는 나라가 있다. 우리가 긋는 경계선은 세례다.

> 여러분은 모두 세례를 받아 그리스도와 하나가 되고, 그리스도를 옷으로 입은 사람들이기 때문입니다. 유대 사람도 그리스 사람도 없으며, 종도 자유인도 없으며, 남자와 여자가 없습니다. 여러분 모두가 그리스도 예수 안에서 하나이기 때문입니다(갈 3:27-28).

세례는 이스라엘 시민이 되라는 부르심이며, 세상을 구원하시는 하나님의 기이한 방식에 참여하라는 부르심이다. 세례 행위 자체가 그 기이함을 나타내 주고, 예시해 주고, 구체화시켜 준다. 세례는 그리스도인의 입문이다.

당신이 로터리 클럽에 가입할 때, 클럽은 당신에게 악수를 청하고 회원증명서를 준다. 당신이 교회에 가입할 때, 우리는 당신을 물에 집어넣어 거의 익사할 만큼 물속에 완전히 잠그고, 씻기고, 그러고는 당신에게 이제 거듭났다고 말해 준다. 이렇게 하는 이유는,

그리스도인이 된다는 것이 자연적으로 되는 일이 아니며 미국인이라면 당연히 될 수밖에 없는 부산물도 아니라는 사실을 말해 주려는 것이다. 그리스도인이 된다는 것은 새로운 나라, 곧 하나님 나라에 입양되는 것이다. 온갖 비탄을 몰고 오는 꼬리표와 구분—남자/여자, 종/자유인, 부자/가난한 자, 뉴저지/텍사스—이 우리 생애 처음으로 씻겨 나가고 극복된다. 그런 구분의 의미를 단순히 부정하는 방식이 아니라, 우리의 새로운 시민권에 따라 그러한 것이 얼마나 상대적이고 부차적이며 또 무시할 수 있는 것인지 보여줌으로써 극복된다. 이제 우리에게 중요하고도 유일한 구분은 교회/세상의 구분이다.

　"나라가 임하옵시며"라고 말하는 것은 낯선 사람들의 모임, 세상에서는 종종 외부자였으나 이제 예수와 함께 내부자가 된 이들의 다소 기이한 모임에 기꺼이 참여한다는 의미다. 예수께 쏟아진 끊임없는 비판 중 하나는, 그분이 평판이 형편 없는 사람들과 가까이 어울린다는 것이었다.

　예수께서 집에서 음식을 드시는데, 많은 세리와 죄인이 와서, 예수와 그 제자들과 자리를 같이하였다. 바리새파 사람들이 이것을 보고, 예수의 제자들에게 말하였다. "어찌하여 당신네 선생은 세리와 죄인과 어울려서 음식을 드시오?" 예수께서 그 말을 들으시고서 말씀하셨다. "건강한 사람에게는 의사가 필요하지 않으나, 병든 사람에게는 필요하다"(마 9:10-12).

교회로 모여 주기도를 기도하고 예수와 더불어 성만찬을 먹고 마실 때마다, 우리는 예수와 식탁 교제를 함께하는 이들을 통해 지금도 예수의 이름이 전파된다는 것을 드러내 주는 것이다. 하나님 나라는 예수와 더불어 먹고 마시는 세리, 죄인, 병자의 무리다.

하나님 나라는 우리가 자명하게 알 수 있는 무엇이 아니다. 따라서 우리는 자신이 어느 정도 지성적인 사람이라고 해서 하나님 나라에 대해 다 안다고 생각해서는 안된다. 어떤 이들은 교회생활을 50년이나 했으면서도, 하나님 나라가 그 모습을 드러낼 때면 여전히 충격을 받는다. 그들은 예수의 초대를 받았다고 주장하며 나타나는 사람들을 보고는 발끈하기도 하고, 빛이 늘 어둠에 비췄으나 어둠이 그것을 이기지 못해 왔다는 사실에 놀라기도 한다. 예수의 가르침 대부분이 하나님 나라에 대한 것이었던 이유도 아마 하나님 나라가 이처럼 파악하기 어려운 탓이었을 것이다. 이렇게 시작하는 설교를 상상해 보라.

마음이 가난한 사람은 복이 있다. 하늘 나라가 그들의 것이다.
슬퍼하는 사람은 복이 있다. 하나님이 그들을 위로하실 것이다.

온유한 사람은 복이 있다. 그들이 땅을 차지할 것이다(마 5:3-5).

실업자들은 복이 있다. 불치병을 앓는 이들은 복이 있다. 부부 갈등을 겪는 이들은 복이 있다.

이런 설교를 듣는 회중은 화들짝 놀란다. 복이 있다고? 다행이라고? 운이 좋다고? 도대체 어느 세상의 이야기인가? 미국에서는 직장이 없는 사람은 마치 무슨 병에 걸린 사람 취급을 당한다. 사람들은 그 병이 자기에게 전염될까 두려워한다. 결혼생활에 실패한 사람은 인생 실패자다. 누구도 복된 사람으로 여기지 않는다.

그러나 설교자는 말한다. "잠깐만요, 이야기를 좀더 분명히 해야 할 것 같습니다. 나는 지금 **여러분의** 나라, 성공과 성취와 자기 열심 위에 세워진 나라에 대해 말하는 것이 아닙니다. 나는 지금 하나님 나라에 대해 말하고 있는 것입니다." 모든 것이 거꾸로 된 이 나라에서는, 우리가 소중히 여기는 가치들이 모두 역전된다. 이 나라에서는 자연적으로 되는 것이란 거의 없다. 하나님이 모든 것을 책임지고, 우리가 그 하나님의 통치에 참여하도록 초대받았기에 되어지는 것이다.

이 하나님 나라는 어떻게 생겼을까? 그 모습은 정의나 설명이 아니라 암시, 유비, 비유, 이미지를 통해 드러난다. 신약성경을 보면, 하나님 나라는 이야기와 비유를 통해 논의된다. 예수께서는 하나님 나라는 조용히 자라 결국 큰 수확을 맺는 작은 씨와 같다고 말씀하셨다(막 4:26-29). 하나님 나라에는 엄청난 양의 씨앗이 낭비되는 일도 있다. 뿌려진 씨가 결국 뿌리를 내리지 못하는 경우도 많기 때문이다(막 4:1-9). 또 하나님 나라는 세상이 보기에 겨자씨만큼이나 작고 보잘것없는 것으로, 사방으로 가지를 뻗는 겨자나무처럼 골칫덩어리로 여기지기도 한다. 또한 하나님 나라는 한 부자 주인이 자기 전 재산을 종들에게 맡기고 집을 떠난 것과 같다(막 13:34-36). 예수께서 하나님 나라에 대해 말씀하실 때 주로 비유를 사용하셨는데, 이는 하나님 나라는 종종 우리가 이해하기 어려우며 그분 자신도 설명하기 쉽지 않다는 사실을 보여주는 것이다. 하나님 나라는 지금 여기에 있으면서도 아직 여기 있지 않으며, 놀랍고, 예기치 못한 것이며, 위협적이며, 유쾌하고, 실재한다.

> 예수께서 다시 말씀하셨다. "하나님 나라를 무엇에다가 비길까? 그것은 누룩의 다음 경우와 같다. 어떤 여자가 누룩을 가져다가, 가루 서 말 속에 섞어 넣었더니, 마침내 온통 부풀어 올랐다"(눅 13:20-21).

"나라가 임하옵시며"라고 기도한다는 사실에 주목하라. 하나님 나라는 지금 여기 있지 않다. 아직 충만한 모습으로 임하지 않았다. 하나님 나라는 지금 다가오고 있다. 그 나라는 지금 여기에 있지만 어렴풋하게 엿볼 수는 있을 뿐, 아직 충만한 모습은 아니다. 기독교 신앙의 이러한 미래 지향성, "이미 그러나 아직"(now and not yet)의 성격을 짚어 주는 단어가 바로 **종말론**(마지막 일에 관한 이야기)이다. 기독교 신앙은 현재의 모습에 만족하지 않는다. 기독교 신앙은 어느 먼 과거를 발굴해 그것이 없었다면 무의미했을 현재에 의미를 부여하려는 고고학에 몰두하지 않는다.

기독교 신앙은 종말론적이다. 언제나 미래를 향해 몸을 숙이고 달려갈 준비가 되어 있다. 하나님이 우리 가운데 일으키실 일을 보려는 기대 가운데 산다. 우리는 하나님을 찬양하라는 최고의 목적을 위해 창조된 존재다. 이것이 우리의 참된 존재 목적이다. 하지만 지금 세상이 그런 모습이 아니라는 것, 적어도 아직은 그렇지 않다는 것은 어느 누구라도 아는 사실이다. 따라서 그리스도인은 주기도를 기도하며 그날을 향해, 즉 모든 창조세계가 한목소리로 힘찬 찬양의 기도를 드리며 완성될 그날을 향해 몸을 숙인 채 달려간다.

그러나 우리가 단지 멀뚱히 서서 하늘을 응시하며 미래의 그날이 오기를 기다리는 것은 아니다(행 1:11). 주기도를 기도하는 가운데 우리는 이미 그 마지막 때에 참여하고 있는 것이다. 정치가 곧 우리의 기도 제목이 되었다. 주기도를 기도할 때, 우리는 우리의 시민권이 세례를 통해 모두에게 주어진 이 새로운 나라에 있음을 천명하는 것이다. 우리는 이 세상 나라에 바쳤던 충성을 철회하고 이제 새로운 주권자에게 충성을 서약한다. 교회가 모여 주기도를 기도할 때, 우리는 세상이 사람들을 규합하는 방식이 아니라 하나님의 통치에 기초해서 형성되는 가시적인 새로운 공동체를 이미 형성하고 있는 것이다.

이것이 우리가 말하는 마침(end)이다. 우리는 이 "마침"이라는 말을 최소한 두 가지 의미로 사용한다. 우선 줄의 끝단, 소설의 마지막 장, 종결이라는 의미다. 동시에 삶의 목적, 우리가 나아가고 있는 목적지, 전체의 취지라는 의미로도 쓴다. "주님의 기도"를 기도할 때 우리는 이미 세상을 향해 하나님이 약속하신 목적에 참여하고 있는 것이다. 하나님의 이름을 거룩하게 하는 삶 속으로 이미, 바로 여기서, 지금 들어선 것이다. 우리는 하나님이 유일하신 참 주인이 되어 다스리는 하나님 나라를 고대한다. 우리는 모두가 하나님을 유일하신 참 하나님으로 인정할 날이 오기를 기도한다. 주기도를 기도할 때, 우리는 이미 우리가 염원하는 바로 그것이 되어 가고 있다.

우리가 말하는 "목적" — 우리가 향해 가는 목적지 — 이 그리스도인이 세상에서 달성하고자 애쓰는 일련의 이상이라고 오해해서는 **안된다**. 그 같은 사회적 행동주의(social activism)가 큰 유익을 가져올 때도 많지만, 마치 하나님이 없는 듯 살아가는 또 다른 형태의 무신론이 될 수도 있다. 종말론적 백성이 된다는 것은, 그보다는 하나님이 지금 통치하고 계시다는 것, 그리고 하나님이 이미 예수 그리스도 안에서 통치하고 계시므로 우리가 그 통치를 기다리고만 있을 필요가 없다는 것을 믿고 산다는 뜻이다. 세례를 통해 이미 하나님 통치의 일원이 된 우리에게는 소망이 있다. 즉, 우리는 하나님의 통치가 확실하며, 장차 하나님의 통치가 모든 사람에게 임할 것이라는 확신 가운데 살 수 있다. 소망의 백성이 된다는 것은 세상의 냉소주의에서 구원받았다는 뜻이다. 우리는 행복한 사람이 되었다. 야비하고 불의한 이 세상에서도 우리 그리스도인은 예배라고 하는 잔치를 벌일 수 있다는 뜻이다. 긴장을 풀고 매주일마다 경축할 수 있는 은총을 받는 것은 위대한 신앙 행위다.

"하늘 나라는 자기 아들의 혼인 잔치를 베푼 어떤 임금에게 비길 수 있다. 임금이 자기 종들을 보내서, 초대받은 사람들을 잔치에 불러오게 하였는데, 그들은 오려고 하지 않았다. 그래서 다시 다른 종들을 보내며, 이렇게 말하였다. '초대받은 사람들에게로 가서, 음식을 다 차리고, 황소와 살진 짐승을 잡아서 모든 준비를 마쳤으니, 어서 잔치에 오시라고 하여라.' 그런데 초대받은 사람들은, 그 말을 들은 척도 하지 않고, 저마다 제 갈 곳으로 떠나갔다. 한 사람은 자기 밭으로 가고, 한 사람은 장사하러 갔다. 그리고 나머지 사람들은 그의 종들을 붙잡아서, 모욕하고 죽였다. 임금은 노해서, 자기 군대를 보내서 그 살인자들을 죽이고, 그들의 도시를 불살라 버렸다. 그리고 자기 종들에게 말하였다. '혼인 잔치는 준비되었는데, 초대받은 사람들은 이것을 받을 만한 자격이 없다. 그러니 너희는 네거리로 나가서 아무나, 만나는 대로 잔치에 청해 오너라.' 종들은 큰길로 나가서, 악한 사람이나, 선한 사람이나, 만나는 대로 다 데려왔다. 그래서 혼인 잔치 자리는 손님으로 가득 차게 되었다"(마 22:2-10).

다가오는 하나님 나라, 여기 있지만 또 여기 없으며, 지금 현존하지만 아직 완전히 현존하지는 않는 그 나라는 잔치다. 예수 이전에는 이스라엘을 향한 하나님의 약속에 끼어들 자리가 없던 외부인들에게 이 성대한 잔치가 베풀어졌다. 예수께서는 놀라운 신적 자비를 베푸셔서 우리 같은 이방인도 초대받는 잔치가 가능하게 하셨다. 하나님 나라는 초대받은 괜찮은 사람들이 한결같이 오기를 거절한 잔치이며, 그래서 주인이 밖에 나가 흠 있는 모든 사람들을 초대한 잔치이다. 하나님 나라는, 초대받지 않았더라면 결코 함께 토요일 저녁을 보내고 싶지 않았을 그런 사람들의 무리다.

이것이 바로 교회에 있는 것 자체가 정말로 고통이 될 수 있는 한 가지 이유다. 예수께서는 참으로 버림받은 사람들을 하나님 나라 잔치에 초대하셨기 때문이다.

우리는 타락했으나 구속받고 있는 이 세상 속에서 희망을 품고 살아갈 수 있다. 우리에게 "이렇게" 기도하라고 가르쳐 주신 분이 있어 그럴 수 있다. 그리스도인으로서 우리는 다행히도 우리가 두 시대 사이에 살고 있음을 안다. 예수 그리스도 안에서 하나님의 충만을 이미 보았지만, 또한 모든 세상이 아직 하나님의 세상으로 완성되지 않았다는 것도 알고 있다. 그 긴장 속에 사는 것, 그리스도 안에서 우리가 이미 갖고 있는 것과 아직 약속 상태에 있는 것 사이에서 사는 것이 바로 하나님 백성의 역할이다. 당신과 나는 하나님이 이 세상을 버리지 않으셨다는 증거를 호흡하며 살고 있다. 하나님의 뜻이 이미 이루어졌음을 알기 때문에, 우리는 하나님 나라가 임하게 해달라고 끊임없이 간절하게 기도할 수 있다. 하나님 나라가 아직 충만하게 임하지 않은 이 세상의 모든 면모를 정직하게 직시하고, 그 나라가 더 충만해질 것을 소망할 수 있다. 하나님의 뜻이 아직 이루어지지 않았고, 하나님 나라가 아직 오지 않았음을 알기 때문이다. 이 세상의 현실에 절망하지 않고 살 수 있는 것은, 하나님이 심지어 우리 안에서도 얼마간 적의 영토를 탈환하셨고, 악과 죽음의 세력으로부터 얼마간 구해 내셨기 때문이다. 그렇게 하나님이 되찾고 회복하신 영토가 바로 우리다.

# 5장_ 뜻이 하늘에서 이룬 것같이
## 땅에서도 이루어지이다

성경에 나오는 가장 유명한 이야기 중 하나는 창세기 말미의 요셉과 그 형제들 이야기다. 어느 가족의 이야기이며, 따라서 오해와 질투와 폭력에 대한 이야기다. 어리고 버릇없는 요셉은 형들에게서 미움을 샀는데, 아버지가 요셉을 유독 사랑했기 때문이었다. 야곱은 요셉을 지독히 편애했다.

게다가 그 꿈들! 아직 꼬마인 당신의 동생이 이렇게 말한다고 상상해 보라. "꿈을 꾸었어. 우리가 들에서 밀단을 묶고 있는데, 형들의 밀단들이 모두 내가 묶은 밀단 쪽으로 엎드려 절을 하는 거야."

"그래?" 요셉의 형들이 말한다.

"그리고 또 꿈을 꿨는데, 그 꿈에선 태양과 달과 열한 개의 별들이 다 내게 절을 하는 거야."

"그래?" 열한 명의 형들이 말한다.

"프로이트는 내 꿈을 어떻게 해석할까?" 요셉이 묻는다.

형들은 자기들끼리 수군거린다. "이 녀석에게 악몽을 선사하자!" 그들은 요셉을 해하려고 작당했고, 처음에는 그를 죽이려고 모의했으나 결국 요셉을 이집트의 노예로 팔아 버리기로 한다. 그들은 요셉의 겉옷에 양의 피를 발랐고, 그 겉옷을 아버지에게 가져다 보여드리며 말한다. "오늘 들에서 일할 때 무슨 일이 있었는지 아십니까? 어떤 짐승이 그 어린 요셉을 잡아먹었습니다!"

일련의 반전을 거듭하며 요셉은 노예 신분이었음에도 계속 승승장구한다. 그의 명민함이 이집트인 주인에게 인정받았고 마침내 파라오가 그를 자기 재산의 관리자로 세운다. 꿈 해석을 통해 요셉이 예견한 큰 기근의 때에, 그는 이집트를 기근에서 구할 마스터플랜을 고안해 내고 실행한다.

그때 식량을 구하러 이집트에 나타난 이가 누구인가? 바로 요셉의 형들이다. 그들은 자기들이 식량을 구걸하고 있는 그 고관이 다름 아니라 자신들이 오래전에 버린 어린동생 요셉이라고는 꿈에도 생각하지 못한다. 요셉이 마침내 자기 정체를 드러내자, 형들은 두려워 떤다. 그들이 요셉에게 한 짓을 생각해 보면, 그들이 두려워하는 것은 당연하다. 그러나 요셉은 형들을 안심시키는데, 그의 말은 이제 우리가 살펴보려고 하는 "뜻이…… 땅에서도 이루어지이 다"와 관련이 깊다.

> "이리 가까이 오십시오" 하고 요셉이 형제들에게 말하니, 그제야 그들이 요셉 앞으로 다가왔다. "내가, 형님들이 이집트로 팔아 넘 긴 그 아우입니다. 그러나 이제는 걱정하지 마십시오. 자책하지 도 마십시오. 형님들이 나를 이곳에 팔아 넘기긴 하였습니다만, 그것은 하나님이, 형님들보다 앞서서 나를 여기에 보내셔서, 우 리의 목숨을 살려 주시려고 그렇게 하신 것입니다.…… 하나님이 나를 형님들보다 앞서서 보내신 것은, 하나님이 크나큰 구원을 베 푸셔서 형님들의 목숨을 지켜 주시려는 것이고, 또 형님들의 자손 을 이 세상에 살아남게 하시려는 것입니다. 그러므로 실제로 나를 이리로 보낸 것은 형님들이 아니라 하나님이십니다. 하나님이 나 를 이리로 보내셔서, 바로의 아버지가 되게 하시고, 바로의 온 집 안의 최고의 어른이 되게 하시고, 이집트 온 땅의 통치자로 세우 신 것입니다(창 45:4-5, 7-8).

요셉이 형들에게 한 말은 하나님의 은혜와 능력을 긍정하는 다소 놀 라운 말이다. 순전히 가족 내부의 문제로만 보였던 것, 말썽 많은 어 느 가족 안에서 일어나는 전형적인 경쟁과 갈등의 이야기로 보였던 것이, 알고 보니 세상을 향한 하나님의 목적이 실현되는 보다 큰 이야기의 일부였던 것이다.

"당신들은 악으로 한 일이지만, 하나님은 오히려 그것을 선으로 바꾸셨습니다." 원한과 배신으로 시작한 이야기가 실은 하나님이 자기 백성을 보존하는 이야기인 것으로 드러난다. "나를 이리로 보낸 것은 형님들이 아닙니다." 요셉이 형들에게 말한다. 동생을 노예로 팔아 버릴 때 형들은 자기들이 모든 일을 결정하고 있다고 **생각했다.** 그러나 그것은 그들의 생각에 불과했다. 이야기의 배후에 무엇인가, 누군가, 어떤 깊은 사랑의 현존이 있었던 것이다. 형들이 범한 죄와 악행보다 더 큰 어떤 손이, 배우들보다 더 큰 어떤 작가가 있었던 것이다. 꿈은 죽지 않았다! 하나님이 세상을 축복하시는 통로가 될 한 가족의 꿈은 형들에 의해 꺾이거나 좌절되지 않았다.

이 이야기의 주인공은 그 버릇없는 꼬마 꿈쟁이가 아니다. 이 이야기의 주인공, 이 이야기를 전할 가치가 있는 이야기로 만들어 주는 이는, 또 다른 계획―감추어졌으나 확실한 계획―을 세우는 위대한 저자 하나님이다. 요셉은 자기 형들에게 말한다. "두려워 마소서.…… 당신들은 나를 해하려 하였으나 하나님은 그것을 선으로 바꾸사." 하나님의 계획이 승리할 것이다. 그 **과정과 방법**을 우리는 모른다. 심지어 성경도 말해 주지는 않는다. 우리는 다만 하나님의 계획이 마침내 승리할 것이라는 사실만 알 뿐이다.

루터는 말한다. "하나님은 휜 활로도 쏘실 수 있고, 절름발이 말도 타실 수 있다."

우리 현대 미국인들은 삶을 선택이나 운에 달린 문제로 보는 데 익숙하다. 삶은 내가 무엇을 하고 결정하는지에 달렸다고 생각하거나, 아니면 삶은 순전히 운에 따라 결정되는 복권 같은 것이라고 생각한다. 아마 이것이 우리가 그렇게 자주 무력감과 절망감에 빠지는 이유일 것이다. 만일 삶이 전적으로 우리 자신에게 달린 문제라면, 우리는 지금 우리 자신과 우리의 형제자매에 대해 알고 있는 것만으로도 충분히 절망에 빠져들 수 있다. 만사가 우리에게 달려 있다고 생각할 때, 우리는 끔찍한 무력감에 사로잡힌다. 만일 세계의 운명과 미래의 일이 오롯이 나의 행위 또는 당신의 행위에 달린 것이라면, 대학 초년생은 서구 문명사 수업에서 우리에게 아무 희망이 없다는 사실을 충분히 배워야 할 것이다. 우리가 원자폭탄, 에이즈, 생태적 위기, 오존층 파괴, 자동차 배기가스 문제 등으로 무력감과 두려움을 느끼는 것은 당연하다. 이 모두가 우리의 선택이거나 운에 달린 문제라고 보기 때문이다.

그러나 요셉은 이야기 말미에서 이 이야기가 전개되며 드러난 모든 반전과 우여곡절을 되돌아보며 이렇게 외친다. "두려워하지 마십시오. …… 형님들은 나를 해치려고 하였지만, 하나님은 오히려 그것을 선하게 바꾸셔서." 지금 우리는, 이 세상에서 일어나는 모든 일과 당신이 하는 모든 일이 다 하나님이 그렇게 계획했기 때문에 일어난다는 어이없는 생각을 말하려는 것이 아니다. 우리는 하나님 뜻의 놀라운 탄력성에 대해 말하고 있는 것이다. 세상을 향한 하나님의 뜻은 우리의 계획 때문에 좌절되지 않는다. 하나님의 뜻은 하늘에서 이루어진 것처럼 땅에서도 이루어질 것이다.

이 세상의 모든 일이 다 하나님이 의도하셨기 때문에 일어나는 것은 아니다. 그렇게 믿기에는 세상에 흉악한 사람들이 너무 많다. 하지만 때로 지나온 삶의 굴곡들을 돌아볼 때 우리는, 그 모든 사건 뒤에 보이지 않는 손과 거대한 목적 또는 하나님의 뜻이 있었던 것처럼 얼마나 잘 맞물리는지 깨닫고 놀라곤 한다. 마치 하나님이 그렇게 의도하셨던 듯싶다. 하나님의 뜻이 이루어진 것이다.

성 아우구스티누스는 우리 삶이 수많은 닭 발자국이 어지럽게 찍혀 있는 양계장 바닥과 같다고 말한 적이 있다. 그러나 믿음의 눈으로 볼 때, 우리 삶은 어떤 반복되는 패턴과 일관성과 구체적인 모양을 띠게 된다. 우리는 하나님의 계획을 보게 되고, 보이지 않는 손으로 인도하심을 발견하게 된다. 그때 우리도 바울처럼 고백하게 될 것이다. "하나님을 사랑하는 사람들, 곧 하나님의 뜻대로 부르심을 받은 사람들에게는, 모든 일이 서로 협력해서 선을 이룬다"(롬 8:28). 하나님의 뜻은 하늘에서 이룬 것같이 땅에서도 이루어지고 있다.

"뜻이 하늘에서 이룬 것같이 땅에서도 이루어지이다"라는 기도는, 우선 우리에게 무엇인가를 행할 것을 촉구하는 소리로 들릴 수 있다. 우리의 반항적인 뜻을 하나님의 뜻에 맞게 전향시키고, 하나님이 하늘에서 하고 계신 일을 여기 이 땅에서 열심히 행하라는 소리로 들릴 수 있다. 물론 그런 의미도 담겨 있을 수 있으나, 그것이 이 기도의 일차적 의미는 아니다. 분명 우리는 참된 실재와 일치하는 행동을 해야 한다. 그리고 이 기도는 우리에게 무엇이 참된 실재인지 말해 준다. 그것은 곧 살아 계신 하나님이다. "뜻이 하늘에서 이룬 것같이 땅에서도 이루어지이다"라는 기도는, 우리가 무엇을 해야 하는지에 대한 요청이기 이전에, 먼저 하나님이 지금 무엇을 하고 계신지에 대한 선언이다.

루터가 번역한 독일어 성경을 보면 같은 구절을 다음과 같이 적고 있다. "Dein Wille geschehe, wie im Himmel so auf Erden." 문자적으로 옮기면 이렇다. "당신의 뜻이 나타날 것입니다, 하늘에서처럼, 땅에서도." 이 구절은 하나님의 뜻이 우리 앞에 충만하게 드러나기를 갈망하는, 세상을 다스리는 하나님의 통치가 분명하고 힘 있게 나타나기를 고대하는 간절한 염원이다.

이것이 우리가 주일마다 모여 요셉과 그 형제들 이야기를 서로에게 들려주는 한 가지 이유다. 세상은 모든 것이 우리 손에 달려 있다는 메시지가 담긴 이야기를 우리 귀에 끊임없이 속삭인다. 우리는 오늘도 이런 광고 문구를 보았다. "온 세상이 당신 손안에 있습니다, 마스터 카드." 우리가 우리 운명의 주인(masters)이며 우리 영혼의 선장이라는 것이다. 이 거짓 이야기는 우리로 하여금 세상에서 일하시는 하나님의 역사를 보지 못하게 만든다.

그래서 우리는 매주 모여 이야기를 들려주고, 기도하고, 노래한다. 그 이유는, 이 세상에서 실제로 일어나고 있는 일, 곧 하나님이 우리의 악을 선으로 바꾸고 계신 것을 보다 잘 인식하기 위해서다.

우리는 "뜻이 땅에서도 이루어지이다"라고 기도하지만, 언제까지 그 뜻이 이루어져야 하는지 기한을 명시하지는 않는다. 세상 모든 일이 내일 당장 바로 잡혀야만 하는 것은 아니다. 하나님의 뜻이 이루어지기를 바라는 데 있어 우리의 문제 중 하나는 기다림이다. 우리는 우리가 원하는 것이 지금 당장 이루어지기를 바란다. 그러나 베드로후서는 이렇게 적고 있다. "주님께는 하루가 천 년 같고, 천 년이 하루 같습니다"(벧후 3:8). 종종 기도의 주된 기능 중 하나는 기다림의 시간 동안 우리에게 무엇인가 유용한 할 일을 주는 것이다. 하나님의 뜻이 나타나기를 기다리는 동안 우리는 기도한다. 그리고 하나님의 뜻에 있어 우리가 간구해야 할 가장 중요한 것은 인내다.

우리가 "나라가 임하옵시며"라는 **소망**으로 가득 찬 간구를 드렸다면, 이제 "뜻이 이루어지이다"라는 **인내**의 간구를 배울 차례다. 소망과 인내라는 두 덕목이 이처럼 하나로 묶여 있는 것은 하나님 나라 여정을 걷는 이들에게 놀라운 사실이 아니다. 사실, 그리스도인으로서 우리가 가진 소망은, 만일 우리가 인내를 배우지 못한다면 우리를 위험에 처하게 만들 수도 있다. 인내가 없다면, 우리는 불의의 장벽을 향해 돌격해서는 원수를 멸망시켜 버리려는—그리하여 용서라는 하나님의 길을 저버리고 마는—유혹에 빠질 수 있다. 오히려 우리는 십자가에 못박히신 하나님의 인내를 배우는 인내하는 백성이 되라고 부름받은 사람들이다. 그것은 이 세상을 다스리는 것이 사랑이지 폭력이 아니라는 것을 세상이 알게 하기 위함이다. 하나님이 우리와 우리의 악을 다루는 방식은 십자가다. 한없이 고통당하시는 하나님의 인내다. 우리는 자기 십자가를 지고 하나님의 인내를 따르도록 부름받았다.

이처럼 "(당신의) 뜻이 이루어지이다"라는 기도는 우리가 원하는 대로 모든 것이 이루어지기를 구하는 것이 아니라, 하나님의 뜻이 이루어지기를 구하는 것이다. 우리는 너무도 빈번하게 기도란 우리가 원하는 것을 하나님께 구하는 것이라고—좋으신 하나님, 제게 이것도 주시고 저것도 주세요—생각하도록 길들여졌다. 그러나 이제 하나님의 뜻이 하늘에서처럼 땅에서도 이루어지기를 기도할 때, 우리는 우리 자신에게 하나님이 원하는 것을 원하도록 가르치는 것이다. 이제 우리는 우리 마음의 소욕을 받는 것이 아니라, 하나님이 땅과 하늘에서 하고 계신 일에 대한 비전에 완전히 매료되어 세상이 우리에게 속삭이는 이야기―자기 욕망을 만족시키며 사는 것이 최고라는 메시지―를 잊게 되는 것이다.

우리는 고삐 풀린 욕망의 사회에 살고 있다. 이런 환경 가운데 주기도는 모험일 수 있다. 우리 문화에서는 모든 것―철학, 심리학, 모든 사람과 사물―이 기술이나 우리 마음이 원하는 것을 얻어 내는 수단으로 축소되기 일쑤다. 우리 문화는 끊임없는 소비를 부추기는 거대한 욕망의 슈퍼마켓이다.

이러한 문화 속에서 많은 이들이 경험하는 바, "내가 원하는 것"을 얻는 것의 문제는 단순히 나의 욕망을 충족시켜 줄 만한 충분한 돈이 없다는 데 있지 않다. "내가 원하는 것"은 내가 도달될 수 없는 이상(理想)이 된다. 기대 수준은 계속 높아지고 더 많은 것을 얻을수록, 더 많은 것을 원하게 된다. 결국 우리는 만족을 모른다. 또 내가 대체 무엇을 원하는지 자신도 확실히 모른다는 것도 문제다.

그래서 우리는 "내가 원하는 것"을 얻고야 말겠다는 끝없는 광적인 시도 가운데 이런저런 경험에 탐닉하고, 이런저런 가면을 써 보고, 친구를 바꿔 보기도 하고, 새로운 짜릿함을 찾아다니며, 이것도 사 보고 저것도 마셔 본다. 우리 삶을 정말로 가치 있게 만들어 어떤 경험을 놓칠지 모른다는 두려움 가운데 살아간다.

"내가 원하는 것을 얻는 것"은 나의 참 자아를 아는 지식, 상상력의 다소, 경험과 지혜의 정도와 관련 있는 문제다. 그러므로 주기도에서 간청의 기도가 시작되기 전에 먼저 우리가 하나님께 하나님의 뜻을 우리에게 나타내 주시기를, 그 뜻과 우리가 원하는 것이 얼마나 다른지 우리로 알게 해주시기를 기도하는 것이 절대적으로 필요하다.

"〔당신의〕뜻이 이루어지이다"라고 기도하는 것은 우리가 원하는 것을 구하는 것이 아니라, 우리의 삶이 우리 자신의 삶보다 더 큰 어떤 계획에 사로잡히기를 간청하는 것이다. 이 지점에서 우리는, 요셉과 그 형제들처럼 우리의 삶이 우리 자신의 삶보다 더 크고 나은 무엇인가에 참여하게 되기를, 즉 하나님이 지금 세상에서 벌이고 계신 모험에 참여하게 되기를 간청하는 것이다.

1945년 어느 날 트루먼 대통령은 한 전함의 선상에서, 방금 원자폭탄이 히로시마에 투하되었다는 내용이 적힌 쪽지를 건네받았다. "이것은 세계 역사상 가장 위대한 일입니다." 트루먼이 곁에 선 해군병사들에게 말했다.

트루먼은 틀렸다. 그 폭탄은 다만 비인간성과 사악함이라는 지긋지긋한 이야기의 또 다른 한 사건일 뿐이다. 세계사에 남을 가장 위대한 일은 원폭 투하 이전, 갈보리라는 지역에서 오래 전에 있었다. 세계사에서 가장 위대한 일은 하나님의 뜻이 이루어질 때 일어났다.

우리는 하나님의 뜻이 "하늘에서 이룬 것같이 땅에서도" **이루어**

졌다는 확신 가운데 기도한다. 우리의 뜻을 가차 없이 실행한 것이 예수를 십자가에 못박았다. 또한 하늘에서처럼 땅에서도 그 뜻을 이루시겠다는 하나님의 결정도 십자가에서 나타났다. 이렇듯 십자가는, 우리의 뜻과 하나님의 뜻이 궁극적이고 결정적으로 충돌한 곳이다. 그리스도의 십자가에서 하나님은 정사와 권세들과 대면하셨고, 그것들을 폭로하고 또 무장해제시키셨다. 비록 지금도 하나님과 악의 세력 사이에 전투가—암 병동에서, 보스니아와 세르비아에서, 기근에서, 펜타곤에서, 일상 속 우리의 말과 행동에서—계속되고 있을지라도, 결정적인 전투는 이미 일어났고 승부는 결정났다. 비록 그 결정적인 행위에서 파생된 결과들이 우리 가운데서 계속 펼쳐지고 있지만, 하나님의 뜻은 이루어졌다.

다시 말하거니와, 천국은 "저기 하늘 위의" 어떤 장소가 아니다. 하나님이 계시고 우리가 온전히 하나님과 함께 있는 곳, 하나님의 "성도의 교제"가 일어나는 곳, 하나님의 뜻이 분명하고 충만하고 부인할 수 없을 정도로 강력하게 나타나는 곳이면 어디나 천국이다. 주일에 우리가 거행하는 성만찬은 하나님과 영원히 축제를 벌이는 것이 어떤 것인지를 어렴풋하게나마 볼 수 있게 해주는, 천국을 향해 난 창문과 같다. 하나님이 우리를 성만찬에 초대하는 목적은 우리로 하여금 영원한 하나님의 잔치에 참여하는 데 필요한 동작을 배우게 하려는 것이다. 지금 여기서 우리가 나누는 교통(communion)

은, "이 땅" 어디에서나 하나님의 뜻이 이루어지기를 원하시는 그분의 의도를 세상을 향해 증언하는 것이다. 하나님은 창조세계의 어느 부분도 죄와 마귀에게 버려두지 않으셨다. 우리가 기도하고 찬양하고 함께 먹는 것은, 창조세계의 어느 구석도(심지어 이곳도!) 하나님의 뜻이 이루어지지 않는 곳이 없음을 세상에 보여주기 위함이다. 심지어 하나님이 하나님으로 인정받지 못하는 곳에서도 하나님의 뜻은 이루어지고 있다. 세상은 종종 죄악된 곳이지만, 여전히 **하나님의** 세계이자 하나님의 뜻이 이루어지고 있는 곳이다.

경찰이 시위대를 해산하기 위해 움직이기 시작하자, 시위대 중한 사람이 외쳤다. "자, 빨리! 모두 무릎 꿇고 기도합시다!"

누군가가 이 혼란의 와중에서 외치기 시작했다. "하늘에 계신 우리 아버지, 이름이 거룩히 여김을 받으시오며, 나라가 임하옵시며, 뜻이 하늘에서 이룬 것같이 땅에서도 이루어지이다……."

진압하던 경찰들은 순간 멈칫했다. 어떤 경찰은 본능적으로 그 기도에 동참하기도 했다. 그 순간 그 평화 시위는 새로운 의미를 갖게 된 것이다. 시위대와 경찰 사이의 성난 대결이 보다 큰 의미를 지닌 무엇인가로 고양되고 있었다. 하나님의 뜻이 나타나고 있었다. 정사와 권세들이 폭로되고 있었다. 종교가 분명한 정치성을 띠게 되었고, 정치가 기도와 하나로 뒤섞이고 있었다.

"그리스도인은 세상을 버리고 은둔해야 하는가"라는 질문에 대한 답은 너무도 분명하다. "〔당신의〕 뜻이…… 땅에서도 이루어지이다"라는 기도를 통해 우리는 세상 속으로 등 떠밀려 들어가고 있는 것이다. 세상 안이 아니라면, 우리가 하나님의 뜻이 나타나는 것을 볼 수 있는 다른 곳이란 없기 때문이다. 만일 세상의 갈등에서 어떤 탈출구를 찾고 싶어 기도하러 온 사람이 있다면, 이 기도는 다시 그를 세상 소동의 중심부로 밀어 넣는다.

기독교 신앙은 대단히 공적이다. 주기도는 공적인 행동처럼, 밖으로 소리내어 기도하게끔 되어 있다는 사실에 주목하라. 혼자 조용히 중얼거리며 주기도를 하는 경우는 거의 없다. 주기도는 본래 분명한 목소리로 잘 들릴 수 있게 공중 앞에서 해야 하는 기도다. 앞서 말했듯이, 주기도를 기도하는 것은 우리 그리스도인이 할 수 있는 가장 도전적이고, 정치 참여적이고, 공적인 일 가운데 하나다.

하지만 주기도를 기도하고 이 기도를 살아내는 그리스도인은 세상의 눈에는 낯설고 기이한 사람으로 보일 수 있다. 때로 세상은 황제의 상(像) 앞에서, 법원 계단에서, 고등학교 졸업식에서, 심지어 주일에 교회에서 주기도를 기도한다는 이유로 그리스도인들을 세상 밖으로 내쫓으려 한 적도 있다. 이것이 본래 세상이 하는 일이다. 세상은 위험하다고 여겨지는 이들을 내쫓으려 한다. 그러나 우리에게는 세상 말고 이 기도를 기도할 다른 곳은 없다.

다시 말하거니와, "〔당신의〕 뜻이 이루어지이다"라고 기도하는 것은, 기도란 우리의 뜻이 아니라 하나님의 뜻을 성취하려는 것임을 깨닫는 것이다. 예수께서는 겟세마네 동산에서 체포되고 죽을 운명에서 구원받기를 간절히 기도하셨다(마 26:39). 그러나 예수께서는 그 기도에 "No"라는 응답을 받으셨다. 바울도 자신에게 있는 "육체의 가시", 어떤 신체적 장애에서 구원받기를 여러 번 기도했다(고후 12:7). 그러나 그 가시는 그가 죽을 때까지 사라지지 않았다.

모든 참된 그리스도인의 기도는 예수께서 겟세마네에서 하신 기도처럼 끝난다. "내 뜻대로 되게 하지 마시고, 아버지의 뜻대로 되게 하여 주십시오."

예수의 이름으로 기도한다는 것은, 하나님의 뜻을 보다 중요하게 여기고 우리 자신의 뜻은 보다 덜 중요하게 여기는 훈련을 평생에 걸쳐 받는 것이다.

# 6장_ 오늘날 우리에게 일용할 양식을 주옵시고

기독교를, 결코 존재하지 않는 세계를 향한 저편 세계로의 여행 같은 것으로 여기는 관념이 있다. 그러나 그런 생각은, 주기도가 엄연한 현실 문제로 내려가 대담하게 하나님께 양식을 구하는 지점에 이르면 설 땅을 잃게 된다. 하나님께 양식을 구하는 이 행위는, 우리의 삶이 우리의 양식처럼 하나님께로부터 오는 선물이라는 사실을 매일같이 우리에게 상기시켜 준다. 매일 우리는 하나님께 의존해 살아간다. 만일 하나님이 만나를 선물로 주지 않으셨더라면 굶어죽고 말았을 광야의 그 히브리인들처럼(출 16:1-36), 우리는 하나님이 주시는 매일의 평범하고 필수적인 선물들이 없다면 죽을 수밖에 없는 존재들이다. 그래서 우리는 담대히 하나님께 일용할 양식을 구한다.

한 걸음 더 나아가, 천국과 하나님에 대한 이야기 와중에서, 이제 이 기도는 우리에게 우리가 밥을 먹고 사는 육신을 지닌 존재라는 점을 상기시켜 준다. 구원이란, 우리의 삶이 선물일 뿐 아니라 우리의 삶이 하루하루 밥에 의존하고 밥으로 이루어진다는 사실을 깨닫는 것이다. 이 기도는 우리에게 밥이 하나님의 선물이라고 가르친다. 우리 하나님은 우리를 먹이기를 기뻐하시는 분이다.

예수께서 배에서 내려서 큰 무리를 보시고, 그들이 마치 목자 없는 양과 같으므로, 그들을 불쌍히 여기셨다. 그래서 그들에게 여러 가지로 가르치기 시작하셨다. 날이 이미 저물었으므로, 제자들이 예수께 다가와서 말하였다. "여기는 빈들이고 날도 이미 저물었습니다. 이 사람들을 헤쳐, 제각기 먹을 것을 사 먹게 근방에 있는 농가나 마을로 보내시는 것이 좋겠습니다." 예수께서 그들에게 말씀하셨다. "너희가 그들에게 먹을 것을 주어라." 제자들이 그에게 말하였다. "그러면 우리가 가서 빵 이백 데나리온어치를 사다가 그들에게 먹이라는 말씀입니까?" 예수께서 그들에게 말씀하셨다. "너희에게 빵이 얼마나 있느냐? 가서, 알아보아라." 그들이 알아보고 말하였다. "빵 다섯 개와 물고기 두 마리가 있습니다." 예수께서는 제자들에게 명하여, 모두들 떼를 지어 푸른 풀밭에 앉게 하셨다. 그들은 백 명씩 또는 쉰 명씩 떼를 지어 앉았다.

예수께서 빵 다섯 개와 물고기 두 마리를 들어서, 하늘을 쳐다보고 축복하신 다음에, 빵을 떼어서 제자들에게 주시고 사람들에게 나누어 주게 하셨다. 그리고 그 물고기 두 마리도 모든 사람에게 나누어 주셨다. 그들은 모두 배불리 먹었다(막 6:34-42).

예수는 배고픈 이들을 불쌍히 여기시는 분이다. 굶주림을 지금 여기로 뚫고 들어오는 하나님 나라에 대한 도전으로 간주하시는 구원자이자, 우리를 먹이시는 주인이며, "그들에게 먹을 것을 주어라"라고 우리에게 명령하시는 스승이다.

이사야 선지자는, 이스라엘은 자신의 메시아를 식탁에서 알아보게 될 것이라고 말했다. 메시아가 오면, 굶주린 이들이 배불리 먹게 될 것이다. 고대했던 하나님 나라는 굶주린 이들, 잊혀진 이들을 위해 베풀어지는 식사다. 이사야 선지자는, 그날에 온 땅을 향해 한 커다란 외침이 터져 나올 것이라고 말한다.

> 너희 목마른 사람들아,
>     어서 물로 나오너라.
> 돈이 없는 사람도 오너라.
>     너희는 와서 사서 먹되
> 돈도 내지 말고 값도 지불하지 말고

포도주와 젖을 사거라(사 55:1).

아우구스티누스는 한 설교에서 다음과 같은 취지의 말을 한 바 있다. 주일에 사제가 제단에 놓인 빵을 두고 기도할 때, 그 기도를 통해 평범한 빵이 기이하고 비범한 성체로 변모되는 것은 아니다. 사제는 감사기도를 통해 빵이 실은 사랑 많으신 하나님의 선물이며, 따라서 거룩한 성체라는 사실을 인정하는 것이다.

그 기도에 함께하는 이들 중에 이렇게 말하는 사람도 있을 것이다. "저 제단에 놓인 빵은 제가 오늘 아침식사 때 먹은 빵과 별 다를 바 없어 보입니다. 아침식사 때 저는 그 빵이 거룩하다고 생각해 보지 못했습니다."

"그렇습니다." 교회는 말한다. "바로 그것이 핵심입니다. 주일날 교회에서 빵을 앞에 두고 이런 기도를 드린다면, 이제 월요일에 빵을 대하는 느낌이 다를 것입니다."

이 기도를 통해 교회가 우리에게 가르치는 것은, 우리가 약하고 의존적인 존재이며 하나님은 그런 우리를 보살피신다는 점이다. 하나님은 우리에게 필요한 것을 주신다. 심지어 빵처럼 지극히 현세적인 필수품도 주신다.

하지만 아침식사 때의 빵은 우리 주님의 몸인 성만찬 빵(떡)과는 다르다. 주님의 만찬 때 우리는 믿음으로 하나님의 몸에 참여하게 되는데, 이는 세상이 하나님의 현존 이야기로 가득 차 있음을 세상도 알게 하려는 것이다. 우리는 세상을 구원하시는 하나님의 모험에 포섭된다. 이 식사를 통해 하나님은 우리를 신비의 끈으로 묶어 하나로 만드신다. 우리가 이를 신비라고 부르는 것은, 이 식사가 우리의 지성을 무마시키기 때문이 아니다. 오히려 이 식사를 통해 구현되고 드러나는 하나님의 사랑, 하나님의 그 가차 없는 사랑을 우리가 보다 깊이 이해하면 이해할수록 그 사랑이 일깨워 주는 신비가 보다 더 깊어 가기 때문이다.

성만찬 때 우리는 우리가 감히 형언할 수 없는 실재와 마주하게 된다. 단순히 어떤 고상한 사상이나 종교적 성향의 문제일 수 없는, 너무도 참된 현실을 마주하게 된다. 이 믿음은 빵과 포도주를 통해 역사한다. 이 하나님은 우리 삶의 모든 것을, 심지어 가장 현세적이고 평범한 것도 신적 현존의 표지로 바꿔 놓으신다. 따라서 하나님에 대해 무엇을 믿느냐는 질문을 받을 때, 우리 그리스도인은 종종 전에는 몰랐던 사람들이 무리지어 한가족으로 식탁에 둘러앉아 함께 먹는 성만찬을 가리킨다. 또 우리는 사람들이 물속에 잠겨 옛 자아에 대해 죽고 새로운 피조물이 되어 일어서는 모습, 즉 세례를 가리킨다. 이 식탁, 빵 덩어리, 침수 등은 모두 우리 주님이 이 세상으로 침입해 들어오는 방식, 이 세상을 자기 것이라고 주장하시는 방식의 표현이다.

예수께서 부활하신 날, 의기소침한 두 제자가 엠마오라는 작은 마을을 향해 함께 길을 가고 있었다. 한 낯선 이가 길에서 그들과 동행했는데, 그는 그들이 낙담에 빠진 이유를 물었다.

"아니, 당신만 이번 주말에 예루살렘에서 무슨 일이 일어났는지 모르고 있단 말이오?" 그러고는 그에게 삼일 전에 있은 예수의 죽음에 대해 들려주었다.

그 두 길손은 자기들이 가려고 하는 마을에 가까이 이르렀다. 그런데 예수께서는 더 멀리 가는 척하셨다. 그러자 그들은 예수를 만류하여 말하였다. "저녁때가 되고, 날이 이미 저물었으니, 우리 집에 묵으십시오." 예수께서 그들의 집에 묵으려고 들어가셨다. 그리고 그들과 함께 음식을 잡수시려고 앉으셨을 때에, 예수께서 빵을 들어서 축복하시고, 떼어서 그들에게 주셨다. 그제서야 그들의 눈이 열려서, 예수를 알아보았다(눅 24:28-31).

하나님을 만나려 할 때 우리 그리스도인은 높은 산에 올라가거나, 자신의 정신을 샅샅이 분석하거나, 계시를 기다린다며 손을 꼭 맞잡고 눈을 감은 채 "쿰바야"(굴라[Gullah]어로서 '여기 오소서'라는 뜻─옮긴이)를 노래하지 않는다. 우리는 예수의 이름으로 모여 함께 빵을 나눈다. 이것이 그분께서 우리를 만나기로 택한 곳이며, 우리의 눈이 열려 그분을 알아보는 곳이다. 우리가 "우리에게 일용할 양식을 주옵소서"라고 기도하는 것은 단지 생존 전략의 방편이 아니다. 아무리 많은 빵이 우리에게 있다고 한들, 우리가 그 때문에 생존하는 것은 아니다. 매일의 양식을 구하는 우리의 기도는 하나님의 임재가 우리 가운데 날마다 임하기를 구하는 것이다.

우리가 **일용할** 양식만을 구한다는 점에 주목하라. "일용할"이란 표현보다 정확한 번역은 '족한' 또는 '충분한'일 것이다. 그 이상을 구하는 것은 자칫 우리로 하여금 은혜로운 하나님의 뜻과 역사(役事)만을 의지해 살아가는 사람답지 못하게 만들 수 있다. 광야에서 만나가 주어졌을 때, 히브리인들은 당일 필요한 만큼의 만나만을 거둬들이도록 허락받았다(출 16:16). 날마다 우리에게 다가오시는 하나님께 우리도 날마다 나아가야 한다. 아침에 잠에서 깰 때마다, 우리가 여기에 있는 것, 우리 삶에 의미와 내용이 있는 것은 오직 날마다 주시는 하나님의 선물임을 깨달아야 한다.

한 무리의 학생들이 트라피스트 수도원에서 한 주를 보내고 있었다. 저녁식사 때, 침묵 가운데 멋지고 맛있는 빵을 먹던 한 학생이 그만 자기도 모르게 말을 내뱉었다. "와, 이 빵은 우리가 만든 건가, 아니면 누가 우리에게 준 건가?"

한 수도승이 대답했다. "둘 다입니다."

우리는 하나님에게—혹은 다른 누구에게건—의존하는 것을

혐오하는 사회에 살고 있다. 하지만 하나님께 양식을 구할 때마다, 우리는 우리가 자애로운 하나님뿐 아니라 다른 사람에게도 의존하고 있음을 인정하는 것이다. 우리가 모르는, 우리가 감사조차 표할 수 없는 낯선 이들의 수고와 희생과 선물 없이는 어떤 빵도 우리 식탁에 오를 수 없다.

우리 사회는 우리에게 자기 필요를 스스로 채우며, 자율적이고 독립적이며, 자기 힘으로 사는 사람이 되라고 가르친다. 이런 사회에서 주기도는 너무도 분명히 우리의 자연스런 성향을 거스르는 것이다. 그렇기 때문에 우리는 날마다 이 기도를 드려야 한다. 또 우리에게 일용할 양식이 필요한 때문이기도 하다. 때로 우리는 이 사실을 생각하는 가운데 실제로 굶주린 이들, 정말로 가난한 이들이 우리 앞에 있음을 떠올리게 된다. 가진 것이 거의 없는 이들은, 우리가 전적으로 의존적인 존재이며 "오늘날 우리에게 일용할 양식을 주옵시고"라고 기도할 수밖에 없는 존재임을 훨씬 잘 깨닫는다. 그들은 오직 다른 이들을 통해서만 받을 수 있는 선물을 다른 이들과 함께 구하는 기도를 배웠다. 우리의 삶이 오직 선물이라는 것을 가난이 그들에게 가르쳐 주었기 때문이다. 아마 이것이 예수께서 가난한 이들과 배고픈 이들이 그분 나라의 중심에 있다고 선포하신 이유일 것이다.

예수께서 눈을 들어 제자들을 보시고 말씀하셨다.

"너희 가난한 사람들은 복이 있다.

하나님의 나라가 너희의 것이다.

너희 지금 굶주리는 사람들은 복이 있다.

너희가 배부르게 될 것이다"(눅 6:20-21).

이 지점에서 주기도는 우리를 정직한 고백으로 인도한다. 피하지 말고 대면해 보자. 사실 우리 대부분은 일용할 양식에 대해 그다지 많이 생각하지 않는다. 우리들 대부분, 적어도 이 책을 읽는 독자라면 양식은 절박한 문제가 아니기 때문이다. 우리 대부분은 양식이 부족해서가 아니라 오히려 너무 많아서 망해 간다. 내면을 갉아먹는 공허함을 끝없는 소비로 채워 보려고 한다. 우리는 분명 부자다. 앞서 살펴보았듯이, 성경에서 부자는 큰 곤경에 처한 존재다.

온두라스 공화국의 어느 작은 마을에 사는 한 여인은 매일 힘겹게 산에 올라 땔감으로 쓸 나뭇가지를 모아 등에 지고 내려온다. 그러고는 다시 산에 올라 요리에 쓸 물을 길어온다. 그러고는 남편이 재배한 옥수수 낟알 하나하나를 소중히 여기며 맷돌에 간다. 올해 수확한 옥수수로 겨울을 날 수 있기를 희망하면서. 그의 손안에서 옥수수빵이 만들어진다. 그 빵을 프라이팬에 구워 자녀들에게 먹인다. 그 빵은 그날 그들의 주린 배를 채워 줄 유일한 양식이다. 이 여인이 드리는 "오늘날 우리에게 일용할 양식을 주옵시고"라는 기도는 우리의 기도와는 분명 큰 차이가 있을 것이다.

과소비 문화 가운데 살아가는 우리는 다음과 같이 기도할 수 있는 은총을 구해야 할 것이다. "만족할 줄 아는 은총을 주옵소서", "세상이 우리에게 너무도 많은 것으로 유혹할 때 '아니오'라고 말할 수 있도록 도와주소서." 이렇게 기도할 때, 우리는 "기본으로 돌아가는" 법을 배우게 될 것이고, 우리가 원하는 것이 아니라 우리에게 정말 있어야 할 것을 원하는 법을 배우게 될 것이다. 그러므로 우리도 어느 날 바울처럼 이렇게 말할 수 있을 것이다.

> 나는 어떤 처지에서도 스스로 만족하는 법을 배웠습니다. 나는 비천하게 살 줄도 알고, 풍족하게 살 줄도 압니다. 배부르거나, 굶주리거나, 풍족하거나, 궁핍하거나, 그 어떤 경우에도 적응할 수 있는 비결을 배웠습니다. 나에게 능력을 주시는 분 안에서, 나는 모든 것을 할 수 있습니다(빌 4:11-13).

수세기 전 닛사의 그레고리우스(Gregory of Nyssa)는, 우리는 우리에게 많은 것들이 필요하다고 생각하지만, 주기도에서 우리가 구하도록 허락받은 것은 양식 같은 기본적인 것이 전부라는 사실에 주목하고 놀란 바 있다. 우리가 구하도록 허락받은 것은 가축 떼나 비단

옷이 아니다. 높은 지위나 기념비나 조각상이 아니다. 오직 양식이 전부다.

이 책을 시작하며 우리는 "우리 아버지"라고 기도하는 것의 의미에 주목한 바 있다. 이제 우리가 "우리에게 일용할 〔우리의〕 양식을 주옵시고"라고 기도한다는 점에 주목해 보자. 우리는 나의 양식을 구하는 것이 아니다. 우리의 양식을 구하는 것이다. 양식은 공동체적 산물이다. 양식은 혼자 힘으로 구할 수 있는 것이 아니다. 아이오와 주의 농부, 뉴욕의 제빵업자, 당신이 사는 마을의 배달 트럭 운전기사 모두의 공동 노력이 빵〔양식〕을 만들어 낸다. 혼자 힘으로 먹고 살 수 있는 사람은 아무도 없다.

이는 빵이 공동체적 산물일 뿐 아니라 공동의 책임이라는 뜻이다. 성 바실리우스(St. Basil the Great)는 한 설교에서, 나의 소유물이 오롯이 나의 것은 아니며, 특히 "일용할 양식" 이상으로 소유한 것은 더더욱 그러하다고 분명히 말했다.

여러분의 집에서 썩고 있는 그 빵은 굶주린 이들의 것입니다. 여러분의 침대 아래 곰팡내를 풍기고 있는 그 신발은 신발 없는 이들의 것입니다. 여러분의 옷장에 쌓여 있는 그 옷은 헐벗은 이들의 것입니다. 여러분의 금고에서 값이 떨어지고 있는 그 돈은 가난한 이들의 것입니다!

우리의 양식은 우리가 쌓아 놓아도 되는 우리의 소유물이 아니다. 우리의 양식은 우리 형제자매의 것이다. 양식은 하나님이 주시는 많고 좋은 다른 선물처럼 하나님의 선물이지만, 우리의 이기심은 이 선물을 잘못 사용한다. "오늘날 우리에게 일용할 양식을 주옵시고"라고 기도하는 것은 우리 자신을 근본적으로 재검토하는 것이며, 양식이라는 선물을 통해 우리에게 제시된 하나님의 요청을 인정하는 것이며, 우리 이웃의 필요에 대한 우리 책임을 받아들이는 것이다.

따라서 당신이 이 기도를 배울수록, 필연적으로 당신의 삶을 다른 이들에게 내주게 된다는 점에 주목하라. 거슬리는 말로 들릴 수 있겠으나, 기독교는 당신의 돈에 대한 것이며 당신의 재정생활에 대한 것이다. 구원은 물질적인 것이다. 확실히 영성은 물질적인 것에 관계되며 우리는 돈보다 더 "영적인" 것은 없다고 믿는다. 이 기도로 기도하기를 배움으로써 우리는, 나의 돈이 "나의 것"이 아니라는 사실을 배운다. 이처럼 우리가 가진 것을 나누라는 요구를 받을 수 있는 것은 우리의 소유물이 애초에 우리의 것만은 아니기 때문이다.

예를 들어, 교회는 우리가 한 해에 얼마만큼 버는지를 서로에게 말하라고 요청할 수 있다. 교회로부터 이런 요청을 받는다면 우리는 이렇게 응답할지도 모른다. "하지만 그것은 사적인 문제 아닙니까?" 안타깝게도 기독교의 범주에는 "사적"(privacy)이란 말이 있을 자리가 없다. 우리는 우리의 돈과 우리의 성(sex)과 우리의 삶을 어떻게 사용하라고 우리에게 말해 줄 수 있는 공동체의 일원이 됨으로써 우리의 사적 생활에서 구원받는 것이다. 이것이 "좋은 소식" 곧 복음이다. 더 이상 우리는 서로를, 또 우리 자신을 두려워하지 않아도 된다. 우리는 선한 무리의 일원이 되었고, 놀라운 모험에 참여하게 되었다. 그 결과 우리는 더 이상 "나의 것"에 집착하지 않게 된다. 어쩌면 당신은 이 지점에서 이 기도가 당신의 삶에 너무 깊숙이 관여한다고 느낄지 모르겠다. 상황은 점점 더 심각해질 것이다. 그래서 이 기도를 기도하는 것이 위험천만한 일이라고 경고하지 않았던가?

# 7장_ 우리가 우리에게 죄 지은 자를
## 사하여 준 것같이
## 우리 죄를 사하여 주옵시고

로드니 킹(Rodney King) 사건에 대한 첫 평결 직후 터진 폭동에서, 분노한 패거리는 레지날드 데니를 트럭에서 끌어내려 잔혹하게 구타했다. 힘겨운 회복의 과정을 마친 후, 데니는 자신을 구타한 이들을 직접 만나 그들에게 악수를 청하고 그들을 용서해 주었다. 이 장면을 보도하던 기자는 이렇게 말했다. "그런데 데니 씨는 현재 뇌손상을 입은 상태라고 합니다."

용서는 정말 어처구니없는 행동이 아닐까? 힘이 곧 정의인 사회, 수많은 사람들이 저마다 자기 상처를 어루만지며 희생자임을 자처하는 이 사회에서, 용서는 얼빠진 짓처럼 보인다. 게다가 그리스도인이 말하는 용서의 의미에 대해 많이 오해하고 있다. 주기도에서 이 지점이 기도하기 가장 어려운 이유가 여기에 있다. 주기도에서 이 간구가 가장 길고 복잡한 문장인 것도 아마 그래서일 것이다. 다른 간구와 마찬가지로, 여기서도 우리는 하나님이 먼저 우리를 위해 무엇인가를 해주시기를 구한다. 그러고나서 우리는 다른 이들을 위해 무엇인가를 하겠다고 약속한다(영어로는 "Forgive us our sins as we forgive those who sin against us"로 우리말 주기도 순서와 다르다―편집자). 즉, 다른 사람들에 대한 용서를 운운하기 전에 먼저 우리 자신을 용서해 주시기를 간청하게 되는 것이다. 우리가 겪은 악에 대해 생각해 보기에 앞서 하나님이 우리 때문에 겪으신 우리의 큰 악에 대해 숙고해 보게 되는 것이다.

양식을 구하던 우리의 기도는 이내 우리의 빚을 탕감해 달라는 어처구니없는 간청으로 옮겨 간다. 누가는 이 기도를 다음과 같이 적고 있다.

우리의 죄를 용서하여 주십시오.
우리에게 빚진 모든 사람을
우리가 용서합니다(눅 11:4).

마태는 이 기도를 "우리가 우리에게 빚진 사람의 빚을 없애 준 것같이, 우리의 빚을 없애 주시고"라고 기록하고 있다(마 6:12, 우리말 성경에서 이 부분은 난외주로 처리되어 있다—편집자). 여러 이유에서, 마태가 전하는 "빚"이라는 말이 예수께서 본래 사용하신 아람어에 더 가까울 것이라고 생각된다. 역사적으로는 "잘못"(trespasses)이라는 단어를 사용하는 오랜 전통이 있지만, 이는 신약성경 본문에서 발견되지 않는 단어다. "빚"이라는 단어의 첫번째 뜻은, 경제적으로 돈을 빚지고 있다는 일반적인 의미다. "빚"이라는 단어에 은유적인 해석을 가하기 전에, 먼저 우리는 그 단어의 문자적·경제적 의미를 밝혀 보는 것이 마땅하다. 자신에게 빚진 이들의 빚을 모두 기꺼이 탕감해 줄 수 있는 사람이 되어야 한다면, 어떤 대가를 치러야 할까? 당신은 당신에게 빚진 누군가의 빚을 탕감해 준 적이 있는가?

"빚"이라는 단어는 우리의 간구를 구체적이게 만들어 준다. 이 기도가 우리 모두가 빚진 존재임을 사실로 가정하고 있음에 주목하라. 하나님과의 관계에 있어서 우리는 모두 적자를 내고 있다. 하나님께 진 빚이 너무 큰지라 우리는 다만 용서를 구할 수 있을 뿐이다. 빚을 다 갚을 것이라고 감히 상상조차 할 수 없다. 그러나 일단 하나님께 담대히 구하기 시작한 이상 여기서 물러나서는 안된다. 우리가 양식과 같은 매일의 필수품을 하나님께 전적으로 의존하고 있음을 인정했으니, 이제 우리가 도저히 갚을 수 없는 빚의 탕감에 있어서도 우리가 전적으로 하나님께 의존하고 있음을 인정하는 것이다.

필자의 친구 중 하나가 한번은 변호사인 아내가 일하는 파산 법정을 방문한 일을 말해 준 적이 있다. 공판이 시작되자, 개별 사건에 대한 청취가 있기 전에 법정의 정리(廷吏)가 이렇게 외쳤다고 한다. "채무자들은 모두 기립해 주시기 바랍니다."

우리 모두가 채무자다.

> 우리가 죄가 없다고 말하면, 우리는 자기를 속이는 것이요, 진리가 우리 속에 없는 것입니다(요일 1:8).

우리는 다음과 같이 말하는 것이 기도이기를 바란다. "우리에게 용서하는 법을 가르쳐 주소서. 그래서 우리 또한 용서받게 하소서." 그러나 주기도는 다르다. 우리가 우리 자신을 남에게 용서를 베푸는 자로 여기고 싶어한다는 것을 주기도는 알고 있다. 우리는 통제권을 쥐고 싶어한다. 우리가 잔뜩 쌓아 놓은 의에서 출발해서, 우리에게 해코지하고 잘못한 이들에게 사랑으로 다가갈 수 있을 것이라고 생각한다. 그러나 주기도는 먼저 우리에게 용서받기를 간청하라고 한다. 이는 우리의 통제권을 넘어서는 일이다. 갑자기 우리 삶이 우리 자신이 아닌 다른 누군가의 평가에 좌우되는 처지에 서게 된다.

통제권을 넘긴다는 것은 여러가지 의미가 있을 수 있지만, 그리스도인에게 이것은 무엇보다 피조물된 우리의 신분을 인정한다는 뜻이다. 우리가 우리 삶의 창조자가 아니다. 우리가 우리 삶의 이야기를 엮어 가는 유일한 저자가 아니다. 통제권을 넘긴다는 것은 우리가 하나님이 쓰시는 이야기의 등장인물임을 인정한다는 뜻이다. 이것을 부인할 때 우리는, 우리가 창조된 존재 목적과 근본적인 모순 관계 속에서 살게 된다. 이것이 바로 우리가 죄라고 불러야 하는 상태다.

기도는 필수적 실천으로서, 하나님이 우리로 하여금 피조물된 기쁨, 통제권을 넘기고 사는 기쁨을 재발견하도록 돕기 위해 주신 선물이다. 이것이 바로 은혜를 받는다는 말의 의미다. 비록 우리가 죄 중에 있을지라도 하나님은 우리를 포기하지 않으신다. 이렇게 우리는 하나님이 주시는 좋은 선물을 두 팔 벌려 받아들임으로써 우리의 참된 본질을 발견한다. 이 말이 쉽게 들릴지 모르나, 행하기 쉬운 일은 결코 아니다.

예를 들어, 당신이 아는 어떤 사람에게서 기대하지 않았던 선물을 받았다면, 이때 당신은 다소 난처한 상황에 처하게 된다. 만일 받고 보니 그 선물이 당신이 정말로 원하는 것이고 그래서 그 선물을 거절하고 싶지 않을 경우, 당신은 조금 불편한 심기를 느끼게 된다. 당신에게 선물을 준 사람은 당신의 가까운 친구가 아니라, 그저 당신과 얼굴 정도만 아는 사이일 뿐이다. 그런데 그가 당신의 마음에 들고 당신에게 "필요한" 선물을 주었다. 이 경우 우리는 즉시 무엇인가를 보답으로 주려고 한다. 우리는 선물을 주고받는 것이 일종의 파워게임이라는 것을 알고 있으며, 또 선물을 준 사람에게 "빚지는" 것을 두려워하기 때문이다. 그렇다면 언제나 주시는 분이자 그 무엇으로도 보답할 수 없는 분이기 때문에 우리가 하나님을 미워한다는 것은 전혀 놀라운 일이 아니다. 그 하나님이 우리에게 요구하시는 보답은 우리의 참 주님이신 그분께 기쁘게 예배하는 것이 전부다.

복음서는 하나님의 용서의 선물이신 예수에 대한 이야기다. 예를 들어, (특히 요한복음에서) 예수께서 얼마나 자주 사람들에게 용서를 베풀고 계신지 주목해 보라. 사람들은 병 낫기를 구한다. 그런데 예수께서는 그들에게 용서를 베푸신다. 사람들은 그분의 가르침을 풀어 달라고 간청한다. 그런데 그분은 용서를 베푸신다. "이는 대체 누구이기에 죄를 용서해 준단 말인가?" 그분을 비난하는 이들이 물었다. 그분은 용서를 베푸심으로 자신의 신성을 드러냈을 뿐 아니라, 우리로 하여금 우리가 의존해야만 하는 존재임을 인정하라고 요구하셨던 것이다.

용서하는 것은 하나님의 본성이다. 하지만 그것은 우리 하나님이 죄에 관대하기 때문이 아니라, 우리 하나님이 우리를 가족 삼기로 작정하셨기 때문이다.

주님은 자비롭고, 은혜로우시며
노하기를 더디하시며, 사랑이 그지없으시다.

두고두고 꾸짖지 않으시며,

　노를 끝없이 품지 않으신다.

우리 죄를, 지은 그대로 갚지 않으시고

　우리 잘못을, 저지른 그대로 갚지 않으신다.

하늘이 땅에서 높음같이,

　주님을 두려워하는 사람에게는, 그 사랑도 크시다.

동이 서에서 먼 것처럼,

　우리의 반역을 우리에게서 멀리 치우시며,

부모가 자식을 가엾게 여기듯이,

　주님께서는 주님을 두려워하는 사람을 가엾게 여기신다

　(시 103:8-13).


용서를 받아들인다는 것은 내가 내 인생 이야기의 유일한 저자가 아니라는 사실을 받아들이는 것이다. 용서를 구하는 것만큼 현대인들의 인생 이해와 충돌하는 것은 없다. 내가 내 삶의 유일한 저자이기를 바라는 나의 죄된 욕망이 내 빚을 만들어 내고 있음을, 나 역시 용서에 대해 생각해 보는 가운데 깨닫게 되었다. 이 간구를 드리는 가운데 우리는 겉모습 뒤에 숨은 곳에서 나오라는, 노출되라는, 약해지라는, 빈손이 되라는, 우리를 용서할 수 있는 능력을 가진 분과 감히 화해하라는 요청을 받는다.

그렇게 할 때 비로소 나의 삶이 나의 것이 아니라는, 고통스럽지만 자유케 하는 진리를 배우게 된다.

우리는 "우리가 우리에게 죄 지은 자를 사하여 준 것같이 우리 죄를 사하여 주옵시고"라고 기도한다. 여기서 "우리"라는 복수형이 중요하다. 우리는 죄를 개인적인 문제로, 사적인 잘못으로 생각하는 데 익숙하다. 그러나 실은 우리가 범하는 가장 흥미로운 죄는 철저히 여럿이 관여하는 공동체적인 죄다.

용서는 그리스도인이 취할 수 있는 가장 정치적인 행위일 수 있다. 우리는 끔찍한 불의와 악에 뿌리를 둔 행습들을 과거로부터 물려받아 가지고 있다. 한 예로, 미국은 노예제도로 인해 역사에 씻을 수 없는 오점을 남긴 나라다. 인종문제는 아직까지도 풀리지 않는 문제로 남아 있는데, 이는 백인들이 과거에 대해 그저 망각하는 것 외에 달리 어떤 일도 할 줄 모르기 때문이다. 그 어떤 변명의 여지도 있을 수 없는 분명히 잘못된 행위에 대해 당신은 어떻게 하는가? 현재 미국의 흑인과 백인은 과장된 죄책감과 자기 의라는 끝없는 게임에 갇혀 버린 형국이다.

우리는 미국의 흑인 그리스도인들이 백인 그리스도인들과 화해를 시도하고 있는 것이 하나님의 은총이 나타난 가장 놀라운 표지 중 하나라고 믿는다. 미국의 흑인들이 아직도 그리스도인으로 남아 있다는 사실 자체가 하나의 기적인데, 그들은 기독교가 과거에 노예

제도를 정당화했다는 사실을 들어 알고 있기 때문이다. 만일 백인 그리스도인들이 과거의 죄를 부인할 필요가 없음을 깨닫고 흑인들이 베풀어 주는 용서를 받아들인다면 이보다 더 강력한 일이 무엇이겠는가? 그렇다. 이제 우리의 기억은 죄를 고백함으로 구속될 수 있고, 백인과 흑인이라는 두 이야기는 그리스도인 됨이라는 공동의 이야기로 변모될 수 있을 것이다.

> 모든 사람이 죄를 범하였습니다. 그래서 사람은 하나님의 영광에 못 미치는 처지에 놓여 있습니다(롬 3:23).

또 이 기도가 주는 가르침은, 우리는 우리의 빚을 용서받을 때 참으로 남의 빚을 용서해 줄 수 있다는 것이다. 용서를 경험해 본 사람이 가장 용서를 잘 베풀 수 있다. 때때로 교회는 그리스도인들을, 기꺼이 용서를 베풀고자 하는 사람들로, 기꺼이 선을 위해 죽으려는 사람들로 묘사할 때가 있다. 그러나 여기서 보듯이, 그리스도인들은 늘 선한 행위를 하고 원수를 용서할 준비를 갖추고 있는 사람들이 아니다. 이에 대해 예수께서는 위대한 이야기들을 말씀해 주셨다.

> 그때에 베드로가 예수께 다가와서 말하였다. "주님, 내 형제가 나에게 자꾸 죄를 지으면, 내가 몇 번이나 용서하여 주어야 합니까?

일곱 번까지 하여야 합니까?" 예수께서 대답하셨다. "일곱 번만이 아니라, 일흔 번을 일곱 번이라도 하여야 한다.

그러므로, 하늘 나라는 마치 자기 종들과 셈을 가리려고 하는 어떤 왕과 같다. 왕이 셈을 가리기 시작하니, 만 달란트 빚진 종 하나가 왕 앞에 끌려왔다. 그런데 그는 빚을 갚을 돈이 없으므로, 주인은 그 종에게, 자신과 그 아내와 자녀들과 그 밖에 그가 가진 것을 모두 팔아서 갚으라고 명령하였다. 그랬더니 종이 그 앞에 무릎을 꿇고, '참아 주십시오. 다 갚겠습니다' 하고 애원하였다. 주인은 그 종을 가엾게 여겨서, 그를 놓아주고, 빚을 없애 주었다. 그러나 그 종은 나가서, 자기에게 백 데나리온 빚진 동료 하나를 만나자, 붙들어서 멱살을 잡고 말하기를 '내게 빚진 것을 갚아라' 하였다. 그 동료는 엎드려 간청하였다. '참아 주게. 내가 갚겠네.' 그러나 그는 들어주려 하지 않고, 가서 그 동료를 감옥에 집어넣고, 빚진 돈을 갚을 때까지 갇혀 있게 하였다. 다른 종들이 이 광경을 보고, 매우 딱하게 여겨서, 가서 주인에게 그 일을 다 일렀다. 그러자 주인이 그 종을 불러다 놓고 말하였다. '이 악한 종아, 네가 애원하기에, 나는 너에게 그 빚을 다 없애 주었다. 내가 너를 불쌍히 여긴 것처럼, 너도 네 동료를 불쌍히 여겼어야 할 것이 아니냐'"(마 18:21-33).

위대한 기독교 작가 조지 허버트는 이렇게 말했다. "다른 사람을 용서하지 못하는 사람은, 천국에 도달하기 위해 반드시 건너야 하는 다리를 허물고 있는 것이다. 사람은 누구나 용서를 받을 필요가 있기 때문이다." 우리의 용서는 우리가 용서받은 것에 대한 응답으로 시작한다. 우리의 용서는 우리에게 해를 가한 동료 인간을 향한 관대함의 행위이기보다는, 우리를 용서하시는 하나님을 향한 감사의 행위이다.

이런 용서는 피상적으로 "난 괜찮아. 너도 괜찮아" 하는 것이 전혀 아니다. 우리를 용서하시고 또 우리에게 다른 이를 용서하라고 요청하실 때 하나님은, "너의 죄는 사실 따지고 보면 그렇게 큰 문제가 아니다"라고 말씀하시는 것이 아니다. 많은 인간적 모임들이 피상성을 면치 못하는 것은, 정말 잘못된 일이 행해졌을 때 우리에게 다른 이를 용서할 방법이 결여되어 있기 때문이다. 용서의 방법이 없기에, 우리가 할 수 있는 일은 그저 이런 취지의 말을 하는 것이 전부다. "당신이 내 삶에 관여하지 않고 나를 인정해 주겠다고 약속한다면, 나 역시 당신 삶에 관여하지 않고 당신이 하는 일을 인정해 주겠다." 기독교의 용서는 결코 값싼 용서가 아니다. 우리의 죄는 중대한 결과를 낳는다. 하나님의 용서는, 우리의 죄가 우리를 결정하도록 놔두기를 거부하시는 것이다. 우리의 죄가 세상을 돌아가는 방식을 결정하도록 놔두기를 거부하시는 것이다.

우리에게 다른 이들을 용서하라고 명령하실 때, 예수께서는 우리가 겪은 불의가 사소한 문제라고 말씀하시는 것이 아니다. 우리가 범하는 죄는 고통을 야기한다. 또 우리가 당한 죄도 고통을 야기한다. 정확히 말하자면, 예수께서는 죄가 우리의 인생 이야기에 결정적 영향을 끼치도록 놔두지 않으신다. 우리에게 용서하라고 명령하실 때, 예수께서는 우리를 동네북으로 만들거나, 오른쪽 뺨을 맞고도 다시 왼쪽 뺨을 내놓음으로써 갑절로 희생당하는 희생자 집단을 만들고 계신 것도 아니다. 예수께서는 희생자를 만들어 내는 일에 관심이 없다. 세상은 이미 충분한 희생자들을 만들어 내고 있지 않은가.

오히려 우리에게 용서하라고 명령하실 때, 예수께서는 우리에게 책임을 떠맡으라고, 세상을 바꾸라고, 끝없이 돌고 도는 보복과 복수의 쳇바퀴를 멈춰 세우라고 초대하고 계시는 것이다. 우리는 그저 순순히 해를 당하고, 받은 상처를 어루만지고, 당한 만큼 되갚아 줄 날을 기다리며 있을 것이 아니다. 우리는 책임을 떠맡을 수 있고, 상황을 바꿀 수 있고, 희생자가 아니라 승리자가 될 수 있다. 다시 말해, 우리는 용서할 수 있다.

서로를 용서할 수 있는 용기는, 우리가 용서받은 사람들이라는 깨달음에서 나오는 겸손에서 비롯된다. 용서는 선물이다. 우리가 다른 이들에게 줄 수 있는 선물이기 이전에 먼저 우리가 받는 선물이다. 따라서 교회는 매주일 우리에게, 우리가 용서받은 이들의 모임이라는 사실을 상기시켜 준다. 그것이 바로 용서를 베풀 줄 아는 영웅적 영혼들을 낳을 수 있는 방법이기 때문이다.

어떤 목사가 청소년기 이래로 교회와 관계가 좋지 않은 한 남자 이야기를 들려준 적이 있다. 다시 한번 교회에 나가 보라는 가족들의 설득 때문에 마침내 그는 용기를 내어 다시 교회에 나갔다. 어느 성공회 교회로 어슬렁어슬렁 들어섰는데, 마침 온 회중이 무릎을 꿇고서 죄 고백의 기도를 드리는 중이었다. "우리는 하지 말았어야 할 일을 했고, 또 마땅히 했어야 할 일은 하지 않았습니다……." 이 기도소리를 듣자 그는 미소를 지으며 이렇게 말했다. "좋아, 나와 비슷한 사람들인 것 같군!"

우리는 자신은 용서받았음에도 남은 용서하려 하지 않는 사람들이다. 십자가에서 그리스도로부터 놀라운 용서와 사랑을 받았음에도, 다른 이들로부터 당한 부당한 일에 대해서는 한사코 용서와 사랑을 베풀기를 거절한다. 그리스도는, 베드로에게 말씀하셨듯이 우리에게 일흔 번씩 일곱 번이라도 용서하라고 명령하실 수 있는 유일한 분이다. 그분은 우리를 일흔 번씩 칠조(兆) 번도 용서해 주셨기 때문이다.

용서하고 또 용서받을 때, 우리는 하나님의 새로운 시대에 참여하게 되고, 이를 통해 우리가 창조된 목적을 배우게 된다. 우리는 하나님 나라라고 하는 하나님의 모험에 동참하게 되며, 우리의 삶을 지배하려 드는 세력들을 물리치신 하나님의 승리에 참여하게 된다. 만약 누군가의 용서를 받아 보았다면, 그 용서가 어떻게 당신을 자유롭게 해주는지, 어떻게 가히 신적인 방식으로 당신을 해방시켜 주는지 경험해 보았을 것이다. 또 만약 당신이 당신에게 크게 잘못한 누군가를 용서해 본 적이 있다면, 당신은 그러한 용서가 결코 값싼 것이 아니라는 것을, 그리고 그 용서가 어떻게 당신의 삶 속의 악의 지배를 깨뜨려 주는지를 경험해 보았을 것이다. 당신은 비로소 숨을 쉴 수 있게 되었다. 용서가 가져다 주는 이러한 자유와 은총보다 더 큰 것은, "우리에게 잘못한 이들"을 용서할 때 우리가 신적 에너지—우리가 하나님의 아들에게 한 일을 하나님께서 그리스도 안에서 용서해 주셨을 때 이 세상에 임한 에너지—에 참여하게 된다는 것이다.

용서는 자연적인 것이 아니다. 이것이 바로 "우리가 우리에게 죄 지은 자를 사하여 준 것같이 우리 죄를 사하여 주옵시고"라고 날마다 기도해야 하는 이유다. 오클라호마 폭탄테러가 있은 직후, 도시 전역에 큰 추도식이 있었다. 빌리 그레이엄 목사가 연사로 나왔다. 그는 이런 말로 입을 열었다. "우리가 여러분과 함께 이 자리에 있는 것은 치유가 시작되도록 하기 위함입니다. 우리가 여기에 있는 것은 이 나라 전체가 비탄에 빠진 여러분과 함께 있음을 보여주기 위함입니다. 우리가 여기 있는 것은 용서하기 위함입니다."

아마 그날 그 자리에 있었던 사람들 가운데 용서하기 위해 그 자리에 참석한 사람은 거의 없었을 것이다. 법무장관은 응징을 이야기했고, 대통령은 사형을 약속했다. 그레이엄 박사가 그런 말을 할 수 있었던 것은 기독교 신앙의 독특성과 특수성 때문이었다. "우리가 우리에게 죄 지은 자를 사하여 준 것같이 우리 죄를 사하여 주옵시고"라는 기도를, 마음으로 정기적으로 꾸준히 드리라고 가르치는 기독교 신앙 때문이었다.

그레이엄 박사의 팬이 아니더라도, 우리는 오클라호마 시의 그 끔찍한 사건 중에서도 용서를 말하는 그의 용기에서 십자가의 능력에 대한 강력한 증언을 볼 수 있다. 우리가 용서를 베풀 수 있는 것은, 우리가 용서받아야만 하는 존재이기 때문이다. 사실 따지고 보면, 오클라호마 시에서 행해진 테러는 그동안 우리 사회가 "전쟁" 혹은 "국가 방위"라는 이름으로 폭력을 너무나 쉽게 받아들여 왔던 데서 비롯한 것이다. 폭탄테러를 자행한 그 사람들도 이전에 미국 군대의 군인이었다. 거기에서 그들은 좋은 대의를 위한 폭력은 합법적이라는 생각을 배웠던 것이다.

폭력을 통해 삶을 왜곡하고 있는 권세들은 그리스도의 십자가에서 그 정체가 결정적으로 폭로되고 패배했다. 거기에서 그들의 약점이 영원히 드러났다. 그리스도께서 그들의 힘에 굴복하심으로써 결국 그들을 굴복시키셨기 때문이다. 하나님께서 그리스도를 죽은 자 가운데서 일으켜 세우심으로써 그리스도는 승리하셨다. 이 부활이 없다면, 그레이엄 박사가 말하는 용서는 거짓말에 불과할 것이다. 그러나 그레이엄 박사가 알고 또 우리가 아는 사실은, 그리스도께서 지금 성부의 오른편에 앉아 계셔서 우리가 성령을 통해 "우리에게 죄 지은 자를 사하여 준 것같이 우리 죄를 사하여 주옵시고"라고 기도할 수 있도록 하신다는 것이다.

> 또 여러분은 죄를 지은 것…… 때문에 죽었으나, 하나님께서는 여러분을 그리스도와 함께 살리시고, 우리의 모든 죄를 용서하여 주셨습니다. 하나님께서는 우리에게 불리한 조문들이 들어 있는 빚문서를 지워 버리시고, 그것을 십자가에 못박으셔서, 우리 가운데서 제거해 버리셨습니다. 그리고 모든 통치자들과 권력자들의 무장을 해제시키시고, 그들을 그리스도의 개선 행진에 포로로 내세우셔서, 뭇사람의 구경거리로 삼으셨습니다(골 2:13-15).

# 8장_ 우리를 시험에 들게 하지 마옵시고 다만 악에서 구하옵소서

그리스도인의 삶은 폭풍과 격랑으로부터 안전한 포구가 아니다. 우리는 약속된 하나님 나라의 지체들이지만, 지금 우리는 그리스도와 더불어 힘센 권세들과 전쟁을 벌이고 있다. 우리는 구원받기를 기도하는 이들이다.

예수께서 배에 오르시니, 제자들이 그를 따라갔다. 그런데 바다에 큰 풍랑이 일어나서, 배가 물결에 막 뒤덮일 위험에 빠지게 되었다. 그런데 예수께서는 주무시고 계셨다. 제자들이 다가가서 예수를 깨우고서 말하였다. "주님, 살려 주십시오. 우리가 죽게 되었습니다"(마 8:23-25).

그리스도인은 구원받기를 기도하는 사람들이다. 하나님께 구원을 청한다는 것은, 우리의 자기 이해를 변화시켜 달라거나, 자신에 대해 새로운 느낌을 갖게 해달라거나, 삶의 정열이 생겨나게 해달라는 요청이 아니다. 그리스도 안에서 받는 구원은 입양되는 것이며(세례), 한 백성(이스라엘과 교회)의 지체가 되는 것이다. 우리는 이 백성의 지체가 되지 않았더라면 구원받을 수 없었을 것이라고 정말로 믿는 사람들이다.

　따라서 당신이 돈을 어떻게 쓰고, 성생활을 어떻게 하고, 투표를 어떻게 하는지에 대해 교회가 의견을 갖고 있는 것, 이것이 바로 구원이다. 당신은 그저 당신의 개인적 탐욕이나 방탕에서만 구원받는 것이 아니다. 당신은 지금 하나님의 백성의 한 지체가 되어 가고 있는 것이다.

　우리는 "나를 구원해 주소서"라고 기도하지 않는다는 점에 주목하라. "우리를 구원해 주소서"이다. 물론 "나"는 "우리" 안에 포함되어 있다. 우리가 "우리 아버지"라고 기도하며 이 기도를 시작했던 것처럼, 여기서도 우리는 "나"를 넘어서는 보다 큰 드라마(구원)에 내가 포함되어 있고, 이 드라마가 그 어떤 "나"라는 개념보다 내 정체성을 확연하게 해준다는 사실을 발견하게 된다. 당신은 그리스도 안에 있는 하나님의 사랑 때문에 삶이 변화되고, 징집되고, 뒤집어지고, 해독(解毒)된 모든 시대의 모든 성도들과 한무리에 드는 것이다. 마태복음 8장의 그 제자들처럼 우리는 모두 같은 배를 타고 있으며, 풍랑을 만나 요동하고 있다. 그래서 우리는 기도한다. "주여, 우리를 구원해 주소서!"

> 온갖 기도와 간구로 언제나 성령 안에서 기도하십시오. 이것을 위하여 늘 깨어서 끝까지 참으면서 모든 성도를 위하여 간구하십시오. 또 나를 위하여 기도하기를, 내가 입을 열 때에, 하나님께서 말씀을 주셔서 담대하게 복음의 비밀을 알릴 수 있게 해달라고 하십시오. 나는 사슬에 매여 있으나, 이 복음을 전하는 사신입니다. 이런 형편에서도, 내가 마땅히 해야 할 말을 담대하게 말할 수 있게 기도하여 주십시오(엡 6:18-20).

"구원하다"나 "시험"이나 "건지다" 같은 단어들은 모두 위기와 관련된 낱말들이다. 이 단어들은 우리에게, 주기도를 기도한다는 것은 곧 우주적 전쟁의 한복판에 던져지는 것임을 일깨워 준다. 이 지점에서 주기도는 사뭇 열기가 고조된다. 지금 이 세상은 크게 잘못된 세상이다. 마치 무언가가, 누군가가 하나님을 거슬러 조직적인 반란을 일으킨 것과 같은 상황이다. 이때 당신이 이 기도를 충실히 드린다는 것, 또 당신의 삶을 이 기도에 일치시키고자 애쓴다는 것은, 대적의 공격 대상이 되기를 자처한다는 뜻이다.

구원이, 우리를 괴롭히는 모든 것들에 대한 모종의 해결책으로 제시될 때가 얼마나 많은지 모른다. "외로운가? 그럼 예수께 나아와 해결을 받으라." "알코올 중독인가? 그럼 예수께 나아와 그 중독에서 건짐받으라." "삶이 혼란스러운가? 그럼 교회에 와서 모든 해답을 얻으라." 복음이 이런 식으로 제시되는 곳에서 구원이란 당신이 가진 모든 문제들이 해결받는 것, 당신을 괴롭히는 모든 것들이 고침받는 것을 의미한다.

그러나 시험의 때에 하나님께 구원과 구조와 도움을 청하는 주기도의 이 간청에서 우리는, 그리스도 안에서의 구원이란 모험이자 여정이며 거대한 드라마에 참여하는 것임을 깨닫게 된다. 이 기도를 기도한다는 것은, 그리스도를 만나지 않았거나 그리스도의 백성으로 징집되지 않았더라면 갖지 않았을 문제들을 우리가 갖기 시작했다는 것을 의미한다. 악의 권세는 자신의 영토를 한 치도 쉽게 포기하려 하지 않는다. 구원받고 있다는 말은, 내가 하나님이 새롭게 탈환하신 영토가 된다는 의미이기도 하다.

우리는 살아 계신 하나님이 권세와 싸움을 벌이는 전쟁터가 된다. 따라서 이 기도를 드리는 것은 전쟁에 참여하는 것과 같다.


끝으로 말합니다. 여러분은 주님 안에서 그분의 힘찬 능력으로 굳세게 되십시오. 악마의 간계에 맞설 수 있도록, 하나님이 주시는 온몸을 덮는 갑옷을 입으십시오. 우리의 싸움은 인간을 적대자로 상대하는 것이 아니라, 통치자들과 권세자들과 이 어두운 세계의 지배자들과 하늘에 있는 악한 영들을 상대로 하는 것입니다. 그러므로 하나님이 주시는 무기로 완전히 무장하십시오. 그래야만 여러분이 악한 날에 이 적대자들을 대항할 수 있으며 모든 일을 끝낸 뒤에 설 수 있을 것입니다(엡 6:10-13).

"시험에 들게 하지 마옵시고"라고 기도하는 것은, 우리가 하나님 나라에 대항해 싸우는 권세에 굴복하지 않게 해달라고 기도하는 것이다. 구원받는 자로서 당신이 대항해 싸워야 할 대상은 단순히 당신의 개인적 결점이나 흠이나 당신의 사소한 유혹이나 허물만이 아니다. 당신은 소위 "통치자들과 권세자들"에 맞서는 것이다. 악은 거대하고, 우주적이고, 조직적이고, 교묘하고, 광범위하고, 실재하는 존재다. 악의 권세는 결코 악한 모습이나 위압적인 모습으로 우리 앞에 나타나지 않는다. 악한 권세는 언제나 자신의 모습을 우리가 누려야 할 자유의 모습으로, 혹은 우리가 따라야만 하는 필연성의 모습으로 가장하고 나타난다.

이를테면, "경제"는 하나의 권세다. 우리는 소위 "경제"라고 하는 자율적이고 독립적인 실재가 존재한다고 믿도록 교육받아 왔다. 이 "경제"가 우리 삶에 결정적 영향력을 행사하며, 우리를 기쁘게도 슬프게도 만들 수 있고, 우리 최고의 분투와 헌신을 받을 가치가 있다고 여겨진다. 우리는 가끔 "월 스트리트가 다음과 같이 결정했다"는 말을 듣기도 하고 또 말하기도 한다.

"인종"은 또 다른 권세다. 우리는 "인종"이 한 개인의 운명과 인생관을 결정짓고, 그것이 모든 의미와 가치의 원천인 것처럼 말한다. "성"(gender)도 이런 권세다. 권세와 직면할 때 세상은 우리에게 이 권세에 순응하고 적응하라고 말한다. 이라크 침공 당시 공중폭격이 있은 후, 왜 그렇게 많은 사상자를 냈어야 했는지 한 장군이 질문을 받았다. "국가 안보상 필요했습니다." 그것이 대화의 끝이었다. 이런 것이 바로 권세다.

"미디어"도 하나의 권세다. 겉보기에 "미디어"는 나쁠 것이 없어 보인다. 어쨌거나 우리는 정보가 필요하지 않은가? 아침부터 밤늦게까지 이 "미디어"는 우리에게 끊임없이 영상들, 사실들, 이름들, 장면들, 소리들을 퍼부어 댄다. 그리고 그것들이 우리가 세상을 보는 관점을 결정한다. "미디어"는 세상에 무슨 일이 일어나고 있는지, 무엇이 현실인지를 말해 준다. 이것이 우리가 말하는 "뉴스"(news)다.

그러나 이 기도를 드릴 때, 당신은 무엇이 현실인지를 두고 벌이는 전쟁에 이미 참여한 셈이다. 무엇이 정말 "뉴스"이며, 누가 "실재"를 규정하는가? 우리는 어떤 은유와 이미지를 통해 세상을 묘사할 것인가? 매주 대략 오천만 명의 미국인이 교회 예배에 참석한다. 그에 비해 영화를 보러 가는 사람의 수는 아주 소수다. 하지만 오늘자 조간신문을 펴 보거나 아침방송을 보면, 거기에 교회에 대한 언급은 전혀 없다. 대부분의 이야기가 영화와 영화배우에 대한 것이다. 그리고 이것은 할리우드가 예루살렘보다 중요하다고 믿도록 우리를 인도한다. 이런 식으로 "미디어"라는 권세는 현실을 만들어 낸다. 지금 우리 삶은 미디어가 제공해 주는 이미지들에 사로잡혀 있다. 우리는 미디어가 제공해 주는 이미지들을 통하지 않고 스스로 세상에 대해 사고할 수 있는 능력을 잃어버렸다. 그러므로 이러한 "권세"로부터 자유로워지려면 우리에게 어떤 초자연적인 권세의 간섭이 필요하다.

필자가 우리 대학 캠퍼스에서의 음주 규제에 대해 일단의 학생들과 토론을 벌이던 중이었다. "우리는 대학 당국의 아무런 간섭 없이, 우리가 원하는 때, 우리가 원하는 만큼 자유롭게 맥주를 마실 수 있어야 합니다." 한 학생이 말했다. "우리는 우리가 하고 싶은 일은 무엇이든 자유롭게 할 수 있어야 합니다."

그러나 안타깝게도, "하고 싶은 일은 무엇이든 할 수 있는 자유"란 실은 그리 단순한 문제가 아니다. 이는 "당신은 누구이며, 당신은 장차 어떤 사람이 되기를 원하는가?" 혹은 "당신이 지금 '자유'라고 부르는 그것이, 실은 지금 당신에게 당신의 삶과 다른 삶을 상상할 수 있는 능력이 결여되어서 자유처럼 보일 뿐이라면 어떻게 하겠는가?" 또는 "어떻게 살 것인지 분명한 목적의식이 없는데, 어떻게 당신이 원하는 것이 무엇인지 안다고 말할 수 있는가?"라고 하는 여러가지 어려운 질문들이 뒤따라야 하는 복잡한 문제다.

필자는 학생들에게, 미국 성인의 맥주 소비량이 지난 20년간 매해 감소해 왔는데 비해 유독 대학생 연령대에서의 소비량만 그렇지 않았다는 사실을 지적해 주었다. 맥주 광고에 우리 나이 또래의 사람들이 전혀 보이지 않는 것도 바로 그 때문이다.

정말 놀랄 만한 사실은 이것이다. 이 학생들은 맥주를 마셔 대면서 지금 자신들이 하고 싶은 일을 마음대로 하는 자유를 누리고 있다고 생각하지만, 실은 매디슨 애비뉴(미국 뉴욕의 광고업 중심가—옮긴이)의 조종을 받고 있다는 사실이다. 우리가 자유를 향유하고 있다고 생각하게 만들면서, 실은 우리를 노예로 삼는 것이 바로 (월스트리트, 매디슨 애비뉴, 펜타곤 같은) 그 권세의 본질이다.

우리가 주기도를 기도하면 마귀들이 들고 일어난다. 기존의 권세는 그 기도에 맞서 싸울 뿐 아니라, 한 사람이 사슬에서 벗어나 "우리 아버지,…… 우리를 구원하옵소서"라고 기도하며 자유롭게 되는 것을 참지 못한다.

당신도 경험해서 알고 있겠지만, 거짓말은 가면이 벗겨지고 진상이 폭로되면 더욱 폭력적이 된다. 그러므로 당신이 구원받기를 기도한다는 것, 시험의 때에 건짐받기를 기도한다는 것은, 당신이 자기 운명의 지배자가 아니며, 세상에는 당신이 저항해야만 하는 무언가가 실제로 존재하며, 당신은 이 세상과 이 세상이 주는 보상에 만족할 수 없으며, 당신은 지금 이 세상이 섬기는 권세보다 더 큰 권세에 응답하는 존재라는 사실을 고백하는 것이다. 사탄은 빛의 천사로 자신을 가장해 나타나며, 자기 가면을 벗으려 하지 않는다. 그러므로 우리는 싸울 준비를 해야 한다.

바울이 그리스도인이 된 **후에** 적은 고뇌어린 말에 주목해 보라.

나는 내가 하는 일을 도무지 알 수가 없습니다. 내가 해야겠다고 생각하는 일은 하지 않고, 도리어 해서는 안되겠다고 생각하는 일을 하고 있으니 말입니다. 내가 그런 일을 하면서도 그것을 해서는 안되겠다고 생각하는 것은, 곧 율법이 선하다는 사실에 동의하는 것입니다. 그렇다면, 그와 같은 일을 하는 것은 내가 아니라, 내 속에 자리를 잡고 있는 죄입니다. 나는 내 속에 곧 내 육신 속에 선한 것이 깃들여 있지 않다는 것을 압니다. 나는 선을 행하려는 의지는 있으나, 그것을 실행하지는 않으니 말입니다. 나는 내가 원하는 선한 일은 하지 않고, 도리어 원하지 않는 악한 일을 합니다. 내가 해서는 안되는 것을 하면, 그것을 하는 것은 내가 아니라, 내 속에 자리를 잡고 있는 죄입니다.…… 아, 나는 비참한 사람입니다. 누가 이

죽음의 몸에서 나를 건져 주겠습니까(롬 7:15-20, 24).

이처럼 우리는 시험의 때에 구원받기를, 악에서 건짐받기를 간구한다. 분명히 이는 단순히 어떤 일련의 신조들을 긍정하거나 인생의 의미를 찾는 것보다 훨씬 흥미로운 무엇인가가 여기서 진행되고 있다는 뜻이다. 우리가 매우 구체적인 길을 믿는 것이 분명하지만, 그리스도인이 된다는 것이 단순히 이러저러한 것들을 믿는 것은 아니다. 그리스도인이 된다는 것은, 그보다는 우리가 이처럼 무시무시한 싸움의 한복판에 있기 때문에 기도할 수밖에 없다는 사실을 배운 사람 중 하나가 된다는 뜻이다. 예수 그리스도를 주님으로 인정한다는 것, 곧 가이사가 아닌 다른 통치자에게 고개 숙이며 우리의 안녕을 위해 미국 경제가 아닌 하나님을 찬양하는 것은, 그리스도에 대항해 일어난 무시무시한 권세에 우리가 위협을 가한다는 뜻이다.

하나님은 갈등 가운데 있는 이 창조세계를 포기하지 않기로 하셨다. 대신에 하나님은 물과 성령으로 한 새로운 백성을 불러내셨다. 유대인과 그리스도인을 불러내셔서, 창조세계를 향한 하나님의 섭리적 돌보심이 어떤 것인지를 보여주는 예시로 삼으셨다. 하나님은 그저 세상을 창조하고는 우리보고 알아서 하라고 하시며 어디론가 홀쩍 떠나 버리신 것이 아니다. 하나님은 간섭하셨고, 창조의 일을 계속하셨고, 분투하셨다. 지금 우리는 하나님이 악한 권세들과 싸우고 계신 전장에 있는 것이다. 우리는 이 전쟁이 결국 어떻게 끝날 것인지 분명히 알고 있지만—십자가는 창조세계를 향한 하나님의 목적이 결코 꺾이지 않을 것임을 분명히 보여주었다—우리에게는 여전히 싸워야 할 싸움들이 남아 있다.

하나님이 우리 편이시면, 누가 우리를 대적하겠습니까? 자기 아들을 아끼지 않으시고, 우리 모두를 위하여 내주신 분이, 어찌 그 아들과 함께 모든 것을 우리에게 선물로 거저 주지 않으시겠습니까? 하나님께서 택하신 사람들을, 누가 감히 고발하겠습니까? 의롭다 하시는 분이 하나님이신데, 누가 감히 그들을 정죄하겠습니까? 그리스도 예수는 죽으셨지만 오히려 살아나셔서 하나님의 오른쪽에 계시며, 우리를 위하여 대신 간구하여 주십니다. 누가 우리를 그리스도의 사랑에서 끊을 수 있겠습니까? 환난입니까, 곤고입니까, 박해입니까, 굶주림입니까, 헐벗음입니까, 위협입니까, 또는 칼입니까? 성경에 기록한 바 "우리는 종일 주님을 위하여 죽임을 당합니다. 우리는 도살당한 양과 같이 여김을 받았습니다" 한 것과 같습니다. 그러나 우리는 이 모든 일에서 우리를 사랑하여 주신 그분을 힘입어서, 이기고도 남습니다. 나는 확신합니다. 죽음도, 삶도, 천사들도, 권세자들도, 현재 일도, 장래 일도, 능력도, 높음도, 깊음도, 그 밖에 어떤 피조물도, 우리를 우리 주 예수 그리스도 안에 있는 하나님의 사랑에서 끊을 수 없습니다(롬 8:31-39).

우리는 미래가 어떻게 될지 모른다. 그러나 우리는 미래가 누구의 손에 있는지는 안다. 그것을 알기에, 우리는 싸움 중에도 인내할 수 있다. 시간이 하나님의 손안에 있다는 것을 알기에, 우리는 서두르지 않을 수 있다. 세상은 우리 삶이 그 종결점인 죽음과 붕괴를 향해 지금도 돌진해 가고 있다는 이야기에 근거해 살아간다. 그렇기 때문에 우리는 매분 매초를 의미 있게 만들기 위해 미친 듯이 일해야만 한다. 우리가 일해서 만들어 내는 것만이 의미 있다고 세상이 우리에게 말하기 때문이다. 세상은 지금 우리가 끔찍한 혼란 상태에 살고 있으며 이 상황을 바로 잡아야 할 책임이 우리에게 있는데, 만일 우리가 그렇게 못한다면 오직 절망만 있을 뿐이라는 생각을 우리에게 주입하려고 애쓴다. 모든 고통과 혼란과 아픔은 인간의 근면한 노력과 약물, 경제 발전, 혹은 의학 기술 등으로 지금 해결되어야 하며 그렇지 않으면 절망뿐이라는 이야기를 세상은 들려준다. 우리로 하여금 인내할 뿐 아니라 서두르지 않을 수 있는 자유를 주는 이야기가 부재할 때 생겨나는 필연적인 결과가 바로 폭력이다.

주님 안에서 항상 기뻐하십시오. 다시 말합니다. 기뻐하십시오. 여러분의 관용을 모든 사람에게 알리십시오. 주님께서 가까이

오셨습니다. 아무것도 염려하지 말고, 모든 일을 오직 기도와 간구로 하고, 여러분이 바라는 것을 감사하는 마음으로 하나님께 아뢰십시오. 그리하면 사람의 헤아림을 뛰어넘는 하나님의 평화가 여러분의 마음과 생각을 그리스도 예수 안에서 지켜 줄 것입니다(빌 4:4-7).

주기도를 기도할 때, 우리는 우리가 해야 할 일이 무엇인지를 알게 된다. 우리는 악한 권세가 우리를 절망이나 거짓 희망, 미성숙한 결론이나 광적인 분주함으로 몰고 가는 것을 거부한다. 우리는 문제를 해결하고 일을 성사시키고 완성하는 데 있어 서두르지 않는다. 우리는 하나님이 예수 그리스도 안에서 우리에게 필요한 모든 시간을 주셨다는 사실을 이미 알고 있기 때문이다.

빵을 굽는 일은 시간과 인내, 점진적인 기술 습득이 필요한 일이다. 이 간청 바로 직전에 우리는 일용할 양식을 만드는 인내를 달라고 기도했다. 악한 권세에 저항하는 일은 결혼을 하고, 가족을 이루고, 빵을 굽는 일 같은 형태—공동의 노력, 시간, 인내, 자연적이지 않은 기술의 습득을 요하는 모든 일—를 취할 수 있다. 당신은 당신이 악한 권세에 저항하는 데 필요한 장비를 갖춰 달라고 당신의 교회에 마땅히 요구해야 한다.

현대세계에서 인내는 너무나 찾아보기 힘든 덕목일 뿐 아니라 우리가 악한 세력에 포위되어 살고 있기 때문에, 우리는 기도하지 않을 수 없다. "우리를 악에서 구하옵소서." 주기도의 다른 번역은 이 부분을 "우리를 그 악한 자(the Evil One)에게서 구원해 주소서"라고 옮기고 있다. 이처럼 주기도는, 이 세상에는 선한 하나님 나라에 대항하는 악한 모의가 있으며 악의 인격적 화신(사탄)의 존재도 우리가 얼마든지 생각할 수 있다는 점을 분명히 보여준다.

> 정신을 차리고, 깨어 있으십시오. 여러분의 원수 악마가, 우는 사자같이 삼킬 자를 찾아 두루 다닙니다. 믿음에 굳게 서서, 악마를 맞서 싸우십시오(벧전 5:8-9).

우리를 구원해 달라는 기도는 하나님을 대항하는 어느 대적보다 하나님이 더 큰 존재임을 인정하는 것이다. 우리는 악한 권세를 인정하고 심각히 여겨야 하지만, 그렇다고 너무 심각하게 여겨서는 안된다. 아마 이것이, 비록 주기도가 정직하게 시험이나 유혹이나 악에 초점을 맞추고 있지만 결코 사탄의 이름을 언급하지 않는 이유일 것이다. 악은 위협적인 세력이지만 패배한 권세이다. 격렬한 전쟁 중에 있지만 우리는 이 전쟁의 승자가 누구인지 이미 알고 있다.

악에서 구원받기를 기도한다는 것은, 우리가 자신의 힘만으로는 악에 저항할 수 없다는 사실을 인정하는 것이다. 주기도는 참으로 정직한 기도다. 지금 우리 삶은 기존 권세의 지배를 받고 있다. 그러나 우리는 약함 가운데서도 도움의 손길을 찾아 손을 내밀며, 그때 우리는 구원을 받는다. 알코올 중독자 치료모임(Alcoholics Anonymous)이 바로 이런 것이 아닌가? "우리는 우리 자신보다 더 큰 어떤 힘을 향해 손을 뻗어야 한다." 알코올 중독자 치료모임이 당신으로 하여금 "우리 자신보다 더 큰 어떤 힘을 향해" 도움을 청하게 만드는 방법 중 하나, 또는 그 힘이 당신을 치료하기 위해 다가오는 주된 길이, 다름 아니라 당신을 어떤 모임 안에 속하게 하는 것이라는 사실에 주목하라. 공동체는 우리에게 악한 권세에서 벗어날 수 있게 하는 힘을 준다. 외따로 떨어진 개인 혼자서는 그 권세의 상대가 되지 못한다. 그러므로 우리는 공동체(교회)에 입양되며, 그 안에서 드리는 "우리를 악에서 구하옵소서"라는 기도가 응답받는 것이다.

이와 같이, 성령께서도 우리의 약함을 도와주십니다. 우리는 어떻게 기도해야 할지도 알지 못하지만, 성령께서 친히 이루 다 말할 수 없는 탄식으로, 우리를 대신하여 간구하여 주십니다. 사람의 마음을 꿰뚫어 보시는 하나님께서는, 성령의 생각이 어떠한지를 아십니다. 성령께서, 하나님의 뜻을 따라, 성도를 대신하여 간구하시기 때문입니다(롬 8:26-27).

# 9장_ 나라와 권세와 영광이 아버지께 영원히 있사옵나이다

예수께서 가르쳐 주신 기도의 종결 부분에 도달한 지금, 우리는 다시 한번 정치와 대면한다. 주기도는 우리로 하여금 하나님의 메시아, 예수의 정치적 의미를 이해하도록 훈련하는 기도다. 한 왕과 그의 나라에 대한 충성서약은 다른 왕과 다른 나라에 대한 충성과 양립할 수 없다. 워싱턴에 한번 가보라. 거기서 당신은 이 세상 나라와 권세와 영광이 으리으리한 대리석과 화강암으로 형상화되어 있는 모습을 보게 될 것이다. 여느 나라의 수도와 마찬가지로, 거기에는 정사와 권세가 조각물과 건축물로 형상화되어 있다. 모든 것이 필요 이상으로 크고 견고하게 만들어져 있어, 마치 영원토록 끄떡없을 것처럼 보인다. 제퍼슨 기념관에는 토마스 제퍼슨이 마치 신과 같은 모습을 하고 있다. 그동안 미국이 관여한 전쟁은 다 십자군 전쟁이 되어 있다. 독립선언문은 성경이 되어 있다.

주기도는 이 모든 것을 문제 삼는다.

처음부터 우리는 예수께서 정치적 소요를 야기하셨으며, 그분이 메시아였고, 메시아로서 모든 나라들과 그 나라들이 사람들을 조직하는 방식에 영원히 맞서는 한 새로운 나라를 세우셨다는 경고를 들은 바 있다. 예수운동의 국가(國歌)라 할 수 있는 '마리아의 찬가'(Magnificat)에서도, 우리는 이 운동이 결코 순탄치 않을 것이라는 경고를 듣는다.


그리하여 마리아가 말하였다.

"내 영혼이 주님을 찬양하며

　　내 마음이 내 구주 하나님을 좋아함은,

그가 이 여종의 비천함을 보살펴 주셨기 때문입니다.

　　이제부터는 모든 세대가 나를 행복하다 할 것입니다.

힘센 분이 나에게 큰일을 하셨기 때문입니다.

　　그의 이름은 거룩하고,

그의 자비하심은, 그를 두려워하는 사람들에게

　　대대로 있을 것입니다.

그는 그 팔로 권능을 행하시고

마음이 교만한 사람들을 흩으셨으니,
　제왕들을 왕좌에서 끌어내리시고
　　비천한 사람을 높이셨습니다.
　주린 사람들을 좋은 것으로 배부르게 하시고,
　　부한 사람들을 빈손으로 떠나보내셨습니다"(눅 1:46-53).

이것이 구원이다. 구원은 곤혹스러우리만치 정치적이고 경제적이며 사회적인 것이다. 가난한 이들이 높아지고 부자들이 빈손이 되어 보내질 때, 하나님 나라가 갑자기 나타난다. 가난한 이들이 먹을 것을 얻을 때 하나님 나라가 우리 중에 솟아오른다. 결혼하지 않았지만 아이를 밴 가난한 시골 여인이 주먹을 불끈 쥐고 하나님의 승리를 노래할 때, 펜타곤과 크레믈린, 텐 다우닝 스트리트(영국 수상의 관저가 있는 거리─옮긴이)에 있는 사람들은 병력을 소집한다. 소외 지역에서 태어난 한 아기가 울음을 터뜨리고 별들이 평소와 다르게 움직이기 시작할 때, 헤롯은 바짝 긴장한다. 당신 교회의 회중이 "나라와 권세와 영광이 아버지께 있사옵나이다"라고 기도할 때, 시청 공무원이 마땅히 긴장해야 한다. 교회는 밑바닥 사람들이 높아지고 꼭대기 사람들이 아래로 보내지는 그 긴장을 드러내기 위한 표지이자 신호이며 노래로 존재한다.

　복음서는 구원을 만나 그 나라와 권세와 영광을 제안받았음에도 결국 빈손으로 떠나고 만 사람들의 이야기를 들려준다.

어떤 지도자가 예수께 물었다. "선하신 선생님, 내가 무엇을 해야 영생을 얻겠습니까?" 예수께서 그에게 말씀하셨다. "어찌하여 너는 나를 선하다고 하느냐? 하나님 한분밖에는 선한 분이 없다. 너는 계명을 알고 있을 것이다. '간음하지 말아라, 살인하지 말아라, 도둑질하지 말아라, 거짓으로 증언하지 말아라, 네 부모를 공경하여라' 하지 않았느냐?" 그가 말하였다. "나는 이런 모든 것은 어려서부터 다 지켰습니다." 예수께서 이 말을 들으시고 그에게 말씀하셨다. "네게는 아직도 한 가지 부족한 것이 있다. 네가 가진 것을 다 팔아서, 가난한 사람들에게 나누어 주어라. 그리하면 네가 하늘에서 보화를 차지하게 될 것이다. 그리고 와서 나를 따라라." 이 말씀을 듣고서, 그는 몹시 근심하였다. 그가 큰 부자이기 때문이었다. 예수께서는 그가 〔근심에 사로잡힌 것을〕 보시고 말씀하셨다. "재물을 가진 사람이 하나님 나라에 들어가기는 참으로 어렵다. 부자가 하나님의 나라에 들어가는 것보다 낙타가 바늘귀로 들어가는 것이 더 쉽다." 이 말씀을 들은 사람들이 말하였다. "그렇다면, 누가 구원을 얻을 수 있겠습니까?"(눅 18:18-26)

주기도는 나라와 권세와 영광이라는 세 가지 큼지막한 단어들이 하나로 겹쳐서, 하나님을 향한 최종적 찬양의 외침을 이루며 끝난다. 주기도는 지금까지 교회가 다양한 방식으로 그래왔듯이, 말보다는 노래로 부르는 편이 더 낫다. 주기도는 외침으로 끝나는데, 마리아의 찬가에서 배웠듯이 당신이 어떤 노래를, 누구를 향해 노래하는가는 정말로 중요한 문제다. 전쟁터로 나아갈 때 제대로 된 행진곡을 선택하는 것이 매우 중요하다는 것은 모든 군대가 아는 사실이다. 우리는 하나님께 이렇게 노래하도록 가르침을 받는다. "나라와 권세와 영광이 모두 당신의 것입니다."

그러나 그리스도인이 이러한 단어들을 무슨 의미로 사용하는지 당신이 다 안다고 생각하지 말라. 나라와 권세와 영광은 매우 위험한 단어들이다. 세상은 이 단어들을 좋아한다. 왕은 자기 나라를 세우고 살인적 폭력을 동원해 그 나라를 수호한다. 정치란 권력의 행사다. 그리고 영광은 권력을 가진 이들에게서 발산되는 그 무엇이다. 물론 지금은 국민이 "왕"이다. 우리는 민주주의 국가에서 살고 있다. 그러나 민주주의가 우리를 우리 자신의 왕으로 만들어 주었다고 해서 교회와 정치의 갈등이 해소되었다고 생각하는 우를 범하지 말라. 현대 역사는 민주주의 국가 역시 자신을 보호하는 일에 있어서는 독재정권과 조금도 다를 바 없이 살인적이라는 사실을 보여주었다. 미국의 범죄율이 보여주는 바, 현대 민주주의는 우리 각자를 자신의 왕이자 신으로 내세움으로써, 유례 없을 정도로 폭력적인 형태의 정부를 만들어 냈다. 따라서 우리는 나라와 권세와 영광에 대해 이야기할 때 신중할 필요가 있다. 우리는 우리가 그 단어들을 어떤 의미로 사용하는지, 기독교 고유의 시각에서 이 세상에 일어나고 있는 일을 말할 때 그 단어들이 무슨 의미를 갖는지 분명히 알고 있어야 한다.

주기도에서 시험과 악에 대해 말한 직후에 나라와 권세와 영광에 대해 말한다는 사실에 주목하라. 예수께서는 사역을 시작할 때 먼저 광야로 인도되셨고, 거기서 사탄은 이 세상이 줄 수 있는 모든 것을 다 주겠노라고 예수께 제안했다.

그즈음에 예수께서 성령에 이끌려 광야로 가서서, 악마에게 시험을 받으셨다. 예수께서 밤낮 사십 일을 금식하시니, 시장하셨다. 그런데 시험하는 자가 와서, 예수께 말하였다. "네가 하나님의 아들이거든, 이 돌들에게 빵이 되라고 말해 보아라." 예수께서 대답하셨다. "성경에 기록하기를 '사람이 빵으로만 살 것이 아니라, 하나님의 입에서 나오는 모든 말씀으로 살 것이다' 하였다."

그때에 악마는 예수를 그 거룩한 도성으로 데리고 가서, 성전 꼭대기에 세우고 말하였다. "네가 하나님의 아들이거든, 여기에서 뛰어내려 보아라. 성경에 기록하기를 '하나님이 너를 위하여 자기 천사들에게 명하실 것이다.' 그리고 '그들이 손으로 너를 떠

받쳐서, 너의 발이 돌에 부딪히지 않게 할 것이다' 하였다." 예수께서 악마에게 말씀하셨다. "또 성경에 기록하기를 '주 너의 하나님을 시험하지 말아라' 하였다."

또다시 악마는 예수를 매우 높은 산으로 데리고 가서, 세상의 모든 나라와 그 영광을 보여주고 말하였다 "네가 나에게 엎드려서 절을 하면, 이 모든 것을 네게 주겠다." 그때에 예수께서 그에게 말씀하셨다. "사탄아, 물러가라. 성경에 기록하기를 '주 너의 하나님께 경배하고, 그분만을 섬겨라' 하였다."

이때에 악마는 떠나가고, 천사들이 와서, 예수께 시중을 들었다(마 4:1-11).

예수께서 유혹받으신 이 이야기에서, 사탄이 무엇을 제안했고 또 예수께서는 무엇을 거부하셨는지 주목해 보라. 사탄이 예수께 제안한 것은 전부 좋은 것—경제적 권력, 영적인 권력, 그리고 정치적인 권력—이었다. 우리는 가난한 이들에게 먹을 것을 주어야 한다고 믿지 않는가? 우리는 영적인 능력을 갖기 위해 교회에 모이는 것이 아닌가? 우리 그리스도인은 이 민주주의 사회에서 선을 위해 정치적인 행동을 행할 책임이 있다고 믿고 있지 않은가? 그런데 예수께서는 이 모든 것을 다 거부하신다. (사탄이 자기 말을 모두 성경으로 뒷받침하건만!)

흥미롭게도, 이 권력(경제적, 종교적, 정치적)은 사탄이 자기 마음대로 원하는 사람에게 줄 수 있는 것이다! 예수께서는 사탄의 손에서 오는 권세를 거부하신다. 이 권세를 하나님과 무관하게 행사할 수 있는 자율적이고 독립적인 것으로 여기는 순간, 그것은 곧 사탄을 숭배하는 행위가 된다. 그 자체로는 선하지만 우리가 악으로 변질시킨 것(많은 이들이 너무 많이 먹어서 죽어 가고 있고, 종교는 전쟁의 주요 원인이 되어 버렸고, 금세기에 전쟁으로 죽은 사람보다 자국 정부에 의해 죽임을 당한 사람이 더 많다)이 그리스도 안에서 새롭게 변모된다.

예수께서는 배고픈 무리들을 먹이셨다(막 8:1-10). 그러나 그것은 그들을 경제적 예속 상태에 두려는 행위가 아니라, 넘쳐나는 하나님의 자비의 선물이었다. 예수께서는 기적을 행하셨다. 그러나 그 기적은 자신을 위해 신적 권능을 남용하는 수단이 아니라, 세상 속으로 뚫고 들어오는 하나님 능력의 표지였다. 예수께서는 선을 위해 권세를 행사하셨다. 그러나 세상 나라의 수단과 방법을 사용하지는 않으셨다. 인간의 정치와는 달리, 예수께서는 확실히 선한 목적을 위해서도 폭력을 행사하지 않으셨다. 이처럼 예수의 삶은 우리에게 나라와 권세와 영광의 의미가 무엇인지를 다시 정의해 준다.

정직하게 말해서, 우리 모두는 누구나 영광을 얻고 싶어한다. 우리는 누구나 우리가 빛나는 순간, 대중들보다 높아져서 성공과 성취의 빛을 발하는 그런 순간을 고대한다. 그러나 여기 주기도에서는 하나님께 영광을 돌린다. 그뿐 아니다. 주기도를 기도하는 것은 우리 가운데 만연한 영광의 개념 자체를 바꾸어 준다.


여러분 안에 이 마음을 품으십시오.

그것은 곧 그리스도 예수의 마음이기도 합니다.

　그는 하나님의 모습을 지니셨으나,

　하나님과 동등함을 당연하게 생각하지 않으시고,

오히려 자기를 비워서

　종의 모습을 취하시고,

　사람과 같이 되셨습니다.

그는 사람의 모양으로 나타나셔서,

　자기를 낮추시고,

　죽기까지 순종하셨으니,

　곧 십자가에서 죽기까지 하셨습니다.


그러므로 하나님께서는 그를 지극히 높이시고,

　모든 이름 위에 뛰어난 이름을

　그에게 주셨습니다.

그리하여 하늘과 땅 위와 땅 아래 있는

　모든 것들이 예수의 이름 앞에 무릎을 꿇고,

모두가 예수 그리스도는 주님이시라고 고백하여,

하나님 아버지께 영광을 돌리게 하셨습니다(빌 2:5-11).

요한복음을 보면 예수께서는 빈번히 자신이 "영광을 받을 시간"에 대해 말씀하셨다(요 7:39, 8:54, 12:16, 23, 13:31, 15:8, 21:19). 대부분의 사람들은 예수께서 말씀하신 "영광"의 의미를 오해했다. 요한복음에서 말씀하신 예수의 "영광"은 아이러니하게도 십자가를 말한다. 세상이 자신에게 지우는 십자가를 받아들이시며, 예수께서는 이렇게 말씀하신다.

"지금 내 마음이 괴로우니, 무슨 말을 하여야 할까? '아버지, 이 시간을 벗어나게 하여 주십시오' 하고 말할까? 아니다. 나는 바로 이 일 때문에 이때에 왔다. 아버지, 아버지의 이름을 영광스럽게 드러내십시오." 그때에 하늘에서 소리가 들려왔다. "내가 이미 영광되게 하였고, 앞으로도 영광되게 하겠다." 거기에 서서 듣고 있던 무리 가운데서 더러는 천둥이 울렸다고 하고, 또 더러는 천사가 그에게 말하였다고 하였다(요 12:27-29).

영광이 피 흘리는 십자가로 정의되는 나라는 분명 독특한 나라다. 그래서 많은 이들이 핵심을 놓치고 만다. 하나님 나라의 영광에 대한 이야기를 듣고도, 그저 천둥소리를 들었다고 생각한 이들이 많았다. 하나님 나라, 권세, 영광에 담긴 특별한 의미를 우리에게 계속 일깨워 주는 것은 다름 아닌 교회의 순교자들이다. 세상은 자기 권세를 위협하는 이들을 지극히 관습적이고 세상적인 방식ㅡ폭력ㅡ으로 다룬다. 그러나 순교자들은 그러한 세상의 폭력에 가장 비관습적인 방식으로 대응했다. 그들은 폭력으로 악에 저항하는 대신, 자신의 삶을 하나님의 능력을 증언하는 데 바쳤다. 자기 방어를 위해 자기 힘에 의지하는 대신, 하나님을 신뢰했다. 그들은 죽임을 당하면서도 하나님의 손에 자신을 의탁했고, 자신보다는 하나님 앞에 사는 삶에 의미를 두었다. 그렇게 그들은 새로운 나라에 대한 자신의 충성을 보여주었고, 그렇게 새로운 정치를 몸으로 보여주었다.

중세시대에 교회는 교회의 정문과 현관에 순교자들의 상을 세워 놓는 것으로 교회의 영광스러운 지혜를 드러냈다. 이처럼 신자들은 참수, 피 묻은 칼, 고난받는 하나님의 종의 모습을 보며 교회에 발을 디뎠다. 교회는 입구 정면에서부터 제자도의 대가가 무엇인지를 생생하게 보여주었던 것이다.

순교자들은 비록 세상의 눈에는 무력한 희생자처럼 보이겠지만, 실은 세상의 거짓말과 세상 나라들이 으스대며 서 있는 토대를 강력하게 폭로하는 이들이다. 이처럼 순교자들은 우리에게 영광을, 전혀 새로운 종류의 영광을 가리켜 준다. 초기 기독교 미술은 순교자들을 묘사할 때 그들의 머리에서 빛이 흘러나오는 것으로 그렸다. 참으로 자유로운 사람의 모습을 보는 것만큼 영광스럽고 멋진 일도 없다. 이 세상의 정사와 권세와 맞설 수 있을 만큼, 이 치열한 경쟁사회가 제안하는 헛된 영광에 "아니오"라고 말할 수 있을 만큼, 힘 있는 삶을 사는 이들에게서는 빛이 발한다. 순교자들은 나라와 권세와 영광이 예수의 것임을 보여줄 뿐 아니라, 그분께서 우리같이 평범한 사람들도 그 나라와 권세와 영광에 참여할 수 있도록 하셨다는 것을 보여준다. 그분은 우리에게 성인(聖人)이 될 수 있는 길을 열어 주신 것이다.

> 너희가 열매를 많이 맺어서 내 제자가 되면, 이것으로 내 아버지께서 영광을 받으실 것이다(요 15:8).

우리가 즐겨 부르는 어느 찬송가는 성인들의 영광에 대해 이렇게 말한다.

> 오 복된 나눔, 신적 사귐이여!
> 우리의 씨름은 나약하나, 그들은 영광 중에 빛나네.
> ('모든 성도들을 위해')

죽어 가는 이들을 위해 캘커타에서 일했던 마더 테레사에게서 영광의 빛이 발한다. 이 사회가 약속한 보상을 거부하고 뉴욕의 가난한 이들의 편에 서서 애쓴 도로시 데이에게서도 영광의 빛이 발했다. 세상이 이런 이들을 비웃고 두려워하는 것은 당연하다. 그들은 이 세상이 예배하는 모든 것에 저항하는, 명백한 영광의 표지이기 때문이다.

십자가 처형과 다가올 영광의 시간에 대해 분명히 말씀하신 후, 예수께서는 요한복음에서 자신의 십자가를 이 세상 나라와의 정치적인 대결로 묘사하신다.

> "지금은 이 세상이 심판을 받을 때이다. 이제는 이 세상의 통치자가 쫓겨날 것이다. 내가 땅에서 들려서 올라갈 때에, 나는 모든 사람을 내게로 이끌어 올 것이다." 이것은 예수께서 자기가 당하실 죽음이 어떠한 것인지를 암시하려고 하신 말씀이다(요 12:31-33).

마지막으로, 주기도는 예수의 삶과 죽음과 부활 가운데 다시 표현될 그 나라, 그 권세, 그 영광이 "이제부터 영원히" 하나님의 것이라고 말한다. 우리가 기도하는 그 나라는 "그림의 떡"이 아니다. 그 나라는 지금 여기에 있다. 우리는 하나님과 친구가 될 날을 기다릴 필요가 없다. 그리스도 안에서 하나님 나라는 이미 우리 가까이에 다가와 있다. 현재 하나님 나라는 그 형태를 어렴풋하게 엿볼 수 있을 따름이다. 그러나 주일예배에서처럼, 우리가 하나님 나라를 충만하게 경험하는 놀라운 순간들도 있다. 당신은 빈손과 빈 삶으로 성만찬에 나아오지만, 복된 떡과 잔을 먹고 마실 때 당신은 충만해진다. 주님의 식탁에 나오기 전에는 "주님의 평화"를 말하며 형제자매들에게 평화의 인사를 건넨다. 그 순간 당신 곁에 선 사람들이 정말로 당신의 친척, 당신의 가족이 되는 것이다. 평화가 임했다. 세상이 주는 것과는 다른 평화가 임했다.

그러나 우리는 여전히 "[당신의] 나라가 임하옵시며"라고 기도하며 "영원히"라고 기도한다. 하나님 나라는 이미 여기 있지만, 아직 충만한 모습으로 여기 있는 것은 아니다. 하나님 나라는 지금 있는 나라이지만, 또한 우리가 영원히 기다려야 하는 나라다. 교회는 하나님 나라의 전조라고 할 수 있지만, 어느 교회도 하나님 나라 자체는 아니다. 여전히 악이 존재하고, 고통과 비극이 존재한다. 하나님께서 우리와 세상에 대해 하실 일이 아직 다 끝나지 않았다. 지금 우리는 길을 가는 중이며, 아직 우리 여정의 종착점에 도달하지 못했다. 우리의 여정에는 더 많은 것들이 기다리고 있다. 그 모두가 하나님의 은총이다.

"그리스도가 죽으셨고, 부활하셨으며, 다시 오십니다"라는 우리 예배 때의 선포는, "이미 그러나 아직"이라는 하나님 나라의 성격이 잘 드러나는 표지다. 우리에게는 이미 한 이야기(그리스도가 죽으셨고, 부활하셨다)가 있고, 그 이야기는 하나님이 이 세상에서 무슨 일을 하시는지(그리스도는 다시 오십니다)를 말해 주는 중심 이야기가 된다. 그리스도는 한 여정을 시작하셨고, 우리는 이 여정 길에 소집되었다. 우리는 이 여정 길에 있으며 이 여정은 아직 끝나지 않았다. 이 여정의 미완의 측면이 바로 우리가 감당할 제자도의 모험이다. 우리는 하나님이 우리 가운데 행하실 일을 기다리는 설레임 가운데 살아간다.

우리는 그리스도께서 성만찬에 임재하셔서 떡과 잔과 친교를 통해 구체적으로 우리에게 자신을 주고 계심을 믿는다. 이 식사를 함께 먹음으로써 우리는 세상이 하나님 나라를 기다릴 필요가 없음을 세상에 알리는 것이다. 하나님 나라는 바로 오늘 주님의 식탁 주위에 모여 있는 우리다. 여기에 하나님의 평화가 있고, 그래서 우리는 그 평화를 전한다.

하지만 우리는 그 나라와 그 권세와 그 영광이 아직 충만하게 임하지는 않았다는 사실을 인식하며 그 떡과 잔을 먹고 마신다. 우리는 현재의 질서에 만족하지 않으며, 이 세상을 집으로 여기지 않으며, 지금 우리에게 있는 것에 만족하지 않는다. 우리는 그 이상을 원한다. 한 조각의 떡과 한 모금의 포도주를 먹고 마실 때 우리 안에는 살아 계신 하나님을 향한 굶주림과 갈증이 더욱 커지고, 그래서 우리는 그 이상을 원하게 된다. 하나님의 은총으로 인해, 우리는 장차 그 이상을 갖게 될 것이다. 우리는 모든 세대, 모든 나라, 모든 민족에게 활짝 열린 그 거대한 향연에 참여하게 될 것이다. 그리스도는 죽으셨고, 부활하셨으며, 다시 오실 것이다.

나는 새 하늘과 새 땅을 보았습니다. 이전의 하늘과 이전의 땅이 사라지고, 바다도 없어졌습니다. 나는 또 거룩한 도성 새 예루살렘이, 남편을 위하여 단장한 신부와 같이 차리고, 하나님께로부터 하늘에서 내려오는 것을 보았습니다. 그때에 나는 보좌에서 큰 음성이 울려 나오는 것을 들었습니다.

"보아라, 하나님의 집이 사람들 가운데 있다.
하나님이 그들과 함께 계실 것이요,
그들은 하나님의 백성이 될 것이다.
하나님이 친히 그들과 함께 계시고,
그들의 눈에서 모든 눈물을 닦아 주실 것이니,
다시는 죽음이 없고,
슬픔도 울부짖음도 고통도 없을 것이다.
이전 것들이 다 사라져 버렸기 때문이다"(계 21:1-4).

# 10장_ 아멘

당신은 교회에서 사람들이 큰소리로 "아멘" 하고 외치거나 작은 소리로 "아멘"을 중얼거리는 것을 볼 때가 있을 것이다. "아멘"은 "옳소이다" 혹은 "그렇게 될지어다"라는 뜻의 히브리어다. "이는 **참되다**"라는 뜻의 성경적 표현이다. 복음서를 보면, 예수께서는 자주 "아멘, 내가 너희에게 말한다"라고 말씀하고 계신데, 영어로는 보통 "내가 진정으로(truly) 너희에게 말한다"로 번역된다.

우리는 주기도를 마칠 때 "아멘"이라고 말하는데, 이는 회중이 그 순간 그 기도에 동의를 표하는 것일 뿐 아니라 그 기도가 참되다고 최종적으로 긍정하는 것이기도 하다.

때로 거짓에 기대어 살아갈 때도 있지만, 기본적으로 우리는 누구나 진리를 갈망한다. 바로 여기, 주기도에 우리가 찾는 그 진리가 있다. 그러나 여기에 있는 진리는, 우리가 동의하는 일련의 명제나 신조가 아니라 우리가 "길이요, 진리요, 생명"(요 14:6)으로 믿는 나사렛 예수로 구체화된 진리다. 우리는 당신이 이 점을 이해하기를 바란다. 그분은 "내가 길이요, 진리요, 생명"이라고 말씀하셨다. 이 진리는 한 인격이다. 인격적인 진리다. 예수께서 가르쳐 주지 않으셨다면 우리는 어떻게 기도해야 할지 알지 못했을 것이다. 예수께서는 이제 우리가 "영과 진리로" 예배하게 될 것이라고 약속하신 바 있다(요 4:24). 주일예배가 늘 유쾌하지만은 않은 한 가지 이유가 바로 여기에 있다. 진리 안에서 드리는 예배이기 때문이다.

만약 이 기도를 배우지 못했다면 우리는 진리가 무엇인지 결코 알지 못했을 것이다. 사람들이 "이것이 진리다"라고 말할 때, 그 말은 보통 진리가 무엇인지에 대해 이미 그들이 어떤 선입관을 가지고 있으며, 그 선입관에 들어맞는 주장이면 무엇이든 진리로 인정한다는 뜻이기 일쑤다. 따라서 사람들이 "이것이 진리다"라고 말할 때, 그 의미는 이런 것이다. "이는 지금까지의 내 세상 경험과 잘 맞는다." 혹은 "그 생각은 기존의 내 생각과 조화를 이룬다. 따라서 현재의 내 실존에 도전을 제기하지 않는다. 그러므로 내가 보기에 진리가 맞다." 자신의 과거 경험이나 현재의 실존이 곧 진리라고 아는 사람이라면, 주기도를 기도하는 법을 배우기보다는 그 진리를 예배하러

가야 할 것이다. 그러나 그리스도인에게 있어 무엇이 진리인지를 결정하는 것은 다름 아닌 주기도다. 이 기도가 아니었다면 우리는 진리를 알 수 없는데, 우리가 누구에게 속했으며, 지금 우리가 어디로 가고 있는지, 온갖 가면들 배후에 자리한 우리의 실상이 무엇인지, 그리고 참된 나라와 권세와 영광이 어떤 것인지를 우리에게 가르쳐 주기 때문이다.

진리를 알기 위해서는 먼저 진실해져야 한다. 우리는 먼저 변화되고 용서받고 거듭나야 한다. 그때에야 우리는 우리의 삶이 어떤 거짓에 기초하고 있는지를 알아볼 수 있게 되고, 우리의 삶을 바로잡으시는 하나님께 전적으로 우리의 삶을 맡겨드릴 수 있게 된다.

여러분을 두고 끊임없이 감사를 드리고 있으며, 내 기도 중에 여러분을 기억합니다. 우리 주 예수 그리스도의 하나님이신 영광의 아버지께서 지혜와 계시의 영을 여러분에게 주셔서, 하나님을 알게 하시고, [여러분의] 마음의 눈을 밝혀 주셔서, 하나님의 부르심에 속한 소망이 무엇이며, 성도들에게 베푸시는 하나님의 영광스러운 상속이 얼마나 풍성한지를, 여러분이 알게 되기를 바랍니다.…… 하나님께서는 이 능력을 그리스도 안에 발휘하셔서, 그분을 죽은 사람들 가운데서 살리시고, 하늘에서 자기의 오른쪽에 앉히셔서 모든 정권과 권세와 능력과 주권 위에, 그리고 이 세상

뿐만 아니라 오는 세상에서 일컬을 모든 이름 위에 뛰어나게 하셨습니다. 하나님께서는 만물을 그리스도의 발 아래 굴복시키시고, 그분을 만물 위에 교회의 머리로 삼으셨습니다. 교회는 그리스도의 몸이요, 만물 안에서 만물을 충만케 하시는 분의 충만함입니다 (엡 1:16-18, 20-23).

진실해질 수 있는 한 길은 공중 앞에서 기도하는 것이다. 공중 앞에서 소리내어 기도한다는 것은 우리의 기도와 삶을 그리스도 안에서 자매와 형제들 앞에 있는 그대로 드러낸다는 뜻이다. 그럴 때 우리는 교정받게 되고, 또 성도들의 증언에 책임을 지게 된다. 우리가 다른 이들 앞에 우리 믿음을 꺼내 놓고, 다른 이들도 자신의 믿음을 우리 앞에 꺼내 놓을 때, 우리 모두는 제자로서 살아갈 힘을 얻게 된다. "사적인 기도"는 교회의 문젯거리다. 우리의 표준은 공적 기도, 곧 주일 모임 때 우리가 드리는 기도다. 기도는 어떻게 진실해질 수 있는지를 배우는 일이다. 혼자 힘으로 진실해지기란 사실상 불가능한 일이기 때문이다.

기도에 힘을 쓰십시오. 감사하는 마음으로 기도하면서, 깨어 있으십시오. 또······ 우리를 위해서도 기도하여 주십시오(골 4:2-3).

주기도를 마칠 때 전체 회중이 우렁찬 소리로 "아멘"을 외치는 소리를 듣는 것은 아주 감동적이다. 우리가 이 책의 첫 부분에서 말했듯이, 우리는 "**우리** 아버지"께 기도하며, "**우리** 죄"를 사하여 주시기를 간구하며, "(**우리의**) 일용할 양식"을 위해 기도한다. 누구도 홀로 이 신앙을 살아낼 수 있는 이는 없다. 우리는 우리에게 기도를 가르쳐 주는 교회의 자매와 형제들, 과거로부터 내려오는 수많은 성도들이 필요하다. 우리는 늘 그릇되게 기도하고, 그릇된 신들에게 기도하고, 그릇된 것들을 요구하기 쉽기 때문이다. 우리는 하나님이 우리 생각대로 우리 기도에 응답하지 않는다고 실망하기 일쑤다. 또 기도를 실제 삶에서 주도면밀하게 떼어 내서는, 그저 경건한 행위로 중언부언 기도하기 쉽다. 그러므로 우리는 절실하게 서로가 필요한 것이다. 교회가 없다면 우리는 예수께서 우리에게 가르쳐 주신 대로 기도할 수 없다. 아멘.

2차 세계대전 당시, 한 포로수용소에서 있었던 일이다. 어느 춥고 어두운 저녁, 여러 차례 얻어맞은 수백 명의 포로들이 한 시간에 걸쳐 수용소 지휘관의 일장 연설을 듣고 행진한 후에, 어둠침침한 막사로 돌아와서는 남은 밤 시간 내내 침묵할 것을 명령받았다. 그때 어느 막사에서 누군가가 주기도를 기도하기 시작했다. 옆자리에 누워 있던 동료 포로 몇몇이 그 기도에 함께했다. 기도소리는 옆 막사의 포로들에게도 전해졌고, 그들도 그 기도에 합세했다. 막사 하나 하나가 그 기도에 동참했고, 마침내 "나라와 권세와 영광이 아버지께 영원히 있사옵나이다"로 기도가 끝날 때에는 수백 명의 포로들이 도전적이고 우렁찬 목소리로 "아멘!"을 외쳤다.

그리고 캠프는 다시 조용해졌다. 그러나 포로들은, 승리한 아군들에게 구조되기도 전에 자신들을 묶고 있는 족쇄를 이미 벗어 버렸던 것이다. 그들은 새로운 세상을 목도하고 표현했던 것이다.

예수께서 이 기도를 가르치신 이래로, 이 기도가 드려지는 곳이면 그 어디서나, 가장 비관적인 시기와 최악의 상황 속에서도, 갇힌 자가 해방되고 눈먼 자가 보게 되며 저는 자가 걷고 가난한 자가 복음을 들으며 이전까지 알려지지 않았던 새로운 세상이 세워졌던 것이다.

위대한 신학자 칼 바르트가 말했듯이 "기도하며 두 손을 굳게 맞잡는 것이야말로 이 세상의 무질서에 대항하여 일어나는 봉기의 시작이다."

필자는 누군가가 이렇게 말하는 것을 들은 적이 있다. "꼬집어 말할 수는 없지만 분명한 것은, 법원 계단에서 주기도를 기도한 일이 나를 변화시켰다는 것입니다. 그리고 그것이 시작이었습니다!" 아멘.

필자는 회중 대부분이 흑인인 곳에서 예배를 드린 적이 있다. 그곳 사람들은 예배시간 내내, 특히 설교시간에, 빈번하게 아무 거리낌 없이 "아멘"을 외쳤다. 그날 설교 중에 설교자가 "자, 우리 각자가 지난 한 주 동안 용기가 없어 말씀드리지 못했던 것을 이 시간 우리 주님께 아룁시다!"라고 말했다. 그 말은 그저 한 귀로 듣고 다른 귀로 흘려 버릴 수도 있었다. 그런데 그 말이 떨어지자마자 우리 바로 뒤에서 예배드리던 한 여자가 "아멘!" 하고 외쳤다.

그녀의 "아멘!"은 우리가 그 설교자의 말에 귀를 기울여야 한다는 것, 아무렇지 않게 들릴 수 있는 말이 실은 우리를 향한 하나님의 말씀이라는 사실을 일깨워 주었다. 그 말씀은 지혜로운 말씀일 뿐 아니라 참된 말씀이었다. 아니, 참될 뿐 아니라 바로 내가 들어야 할 말씀이었다. 아멘.

또 다른 이야기를 하나 더 들어 보자. 필자가 노인 요양소에 계신 어머니를 찾아가 뵌 적이 있다. 오늘날 우리 모두가 가장 두려워하는 것 가운데 하나가 바로 노인 요양소다. 식당에서 주일예배가 진행되고 있었는데, 우리 모두가 두려워하는 그런 광경이었다. 회중은 연로하신 분들이었고, 그들 대부분은 자기가 지금 어디에 있는지도 잘 모르는 듯했다. 설교자는 열정적으로 설교했다. 또 열정적으로 찬양을 불렀다. 그러나 회중은 아무 반응이 없었다.

그때 사역자가 말했다. "함께 기도합시다. 하늘에 계신 우리 아버지……" 갑자기 모두가 기도에 동참했다. 회중이 있었던 것이다. 그들의 몸이 그 기도를 기억하고 있었던 것이다. 이 기도가 우리 몸에 체화되는 것보다 우리 삶을 마무리하는 더 나은 길이 무엇이 있을까? 결국, 이 책의 주제가 바로 이것이다. 이것이 주기도를 선물로 받는다는 것의 의미다. 아멘.

우리에게 기도를 가르침으로써, 예수께서는 우리를 보다 진실하고 보다 신실한 사람으로 만들어 가신다. 우리를 그분의 제자로 만들고 계신 것이다. 주기도를 드릴 때, 우리 삶은 우리의 자연적 성향을 거슬러 하나님께로 전향된다. 그리고 우리는 이 기도에서 우리가 간구하는 바로 그 거룩함, 순종, 용서가 되어 간다. 주기도는 보통 주일예배 마지막 순서에, 혹은 감사기도가 끝난 후에 모두가 한목소리로 하나님을 찬양하며 드리는 기도다. 이 기도는 교회 예배의 요약이자 절정이 된다. 우리는 우리의 작은 삶이 세상을 구속하는 거대한 하나님의 드라마에 사로잡히는 것을 발견한다. 우리의 삶이 전에는 알지 못했던 보다 의미 있는 모험 속으로 빨려 들어가는 것을 발견한다. 하늘이 열리고, 하나님 나라가 임한다. 그러므로 우리는 이렇게 외친다. "아멘!"

나는 여러분을 생각할 때마다, 나의 하나님께 감사를 드립니다. 내가 기도할 때마다, 여러분 모두를 위하여 늘 기쁜 마음으로 간구합니다.…… 선한 일을 여러분 가운데서 시작하신 분께서 그리스도 예수의 날까지 그 일을 완성하시리라고, 나는 확신합니다(빌 1:3-4, 6).

이제 우리는 신약성경의 마지막 말씀으로 우리의 마지막 말을, 우리의 아멘을 삼고자 한다.

"그렇다. 내가 곧 가겠다."
아멘. 오십시오, 주 예수님!
주 예수의 은혜가 모든 사람에게 있기를 빕니다. 아멘
(계 22:20-21).

# 소개의 글

**하우어워스, 그가 이제 온다**

스탠리 하우어워스가 우리에게 왔다. 그의 절친한 단짝인 윌리엄 윌리몬과 함께. 「타임」지가 선정한 최고의 신학자라는 찬사를 받고 2001년 기포드(Gifford) 강좌의 연사로 초청받으며 상한가를 달리고 있는 그이지만, 우리 신학계와 독자들에게 그는 상당히 낯설다. 그의 이름을 발음하는 것부터가 그렇다. 미국의 변방이면서도 중심부 못지않게 당대 최고 학자의 저술들이 왕성하게 수입되고 소개가 이루어지는 작금의 상황을 생각해 보건대, 그리고 하우어워스와 견주어 손색이 없는 뛰어난 실천신학자인 윌리몬의 저작이 그나마 먼저 소개된 것에 비하면, 그에 대한 이토록 인색한 대우에는 뭔가 조금 이상한 침묵의 카르텔이 느껴질 정도다.

　나 개인의 판단으로는, 그의 신학이 자유주의 신학의 심장부에서 자라나 재세례파(anabaptist)인 존 요더(John H. Yoder)의 영향을 받아 평화주의자(pacifist)인 점, 그에 더하여 미국과 자유주의 양자에 대해 전투적 발언을 서슴지 않는 실천적 성향, 거기다 자연신학에 강하게 반발하는 것이 칼 바르트에게서 물려받은 것으로 보수주의를 닮은 데가 있는지라, 진보/보수 양 진영 모두에게 두루두루 통하는 것이 도리어 약점이 됨으로써 딱히 절대 지지층이라 할 만한 이들이 없는 것이 한 요인이 아닐까 싶다. 모두에게 더 없이 절실하지만, 동시에 삼키기에는 쓰디 쓴 부분이 한두 군데가 아니기 때문이다.

　이런 그가 왔다. 하우어워스로 인해 우리는 주류 신학과는 차별된 새롭고 독특한 신학의 세계를 경험하게 될 것이다. 물론 본격적인 그의 신학과 윤리를 이해하기에 이 책은 다소 아쉬운 점이 없지 않다. 그의 이야기 신학(narrative theology)도, 교회론도, 성품 윤리(character ethics)나 의료 윤리도, 자유주의화된 미국 비판도, 평화주의도, 탈현대(postmodern)에 관한 담론도 아닌 주기도문이라는 것이, 그리고 단독이 아닌 공저라는 것이 성급한 독자들의 바람을 온전히 충족시키지는 못할 듯싶다.

　그럼에도 이 책으로 그가 신학계에서 차지하는 독특한 위상과 지점을 파악하는 데는 전혀 무리가 없다. 도리어 그의 신학과 윤리가 이 책에 잘 녹아 있고, 그를 기다려 왔던 이들이 비단 전문적인 신학자만이 아니라 일반 목회자와 신자, 청년 중에도 많았던 점을 감안하면 더 잘된 일이다. 이 출중한 신학자가 평상시에 신학이란 모름지기 교회를 위한 것이라고 역설해 온 점을 감안할 때, 그리고 이 대가의 신학이 이 책 곳곳에 흩어져 있기에, 조금만 주의를 기울이면 뜻밖의 성과를 거둘 수 있을 것이다.

## 하우어워스, 그와 함께 읽자

이 책은 사실 있는 그대로의 주기도가 아니다. 말 그대로 해석이고 해설인 한에 있어서 저자들의 신학이 자연 스며들 수밖에 없다. 성경 각 권이 저자의 개성과 신학, 정황을 배제하고는 읽을 수 없듯이, 그리고 그것들이 계시의 한 방편인 동시에 오늘 우리가 성경을 깨치는 데 유효하듯이, 이 책 역시 하우어워스의 신학이라는 틀 안에서 이해될 수 있다. 그러니까 주기도를 통해서 하우어워스의 신학을 읽을 수 있고 그 반대로 그의 신학을 통해서 주기도를 읽을 수 있는 것이다. 이제 이 책 전반에 펼쳐져 있는 그의 신학을 몇 가지 주제로 묶어 설명해 보자.

첫째, 기도와 신학은 노력이 아니라 은혜. 하우어워스는 철저하게 자연신학적 전통을 거부한다. 창조세계에 언뜻 일별할 수 있는 창조주의 흔적을 토대로 신학을 전개하는 것은 교회와 신학이 타락한 것이라고 그는 확신한다. 세상과의 연속성을 강조하는 것은 세속적인 것이 교회와 신학으로 쉽게 침투할 수 있는 경로를 열어 주는 어리석은 짓이다. 하나님의 계시인 창조나 출애굽이나 예수의 십자가 사건 중 그 어느 것도 인간의 노력이나 수고가 개입된 적이 없으며 오로지 하나님의 은총이고 선물이었다.

기도는 신학과 마찬가지로 우리의 노력이 아니다. 주기도는 인간이 만들어 내거나 창안한 것이 아니다. 기도는 우리가 배워야 하며, 기도하는 예수께 가르침을 청해야 할 무엇이다. 내 의지와 언어로는 할 수 없기에 그분의 행위에 의지하고 기반하는 것, 그분의 은총을 덧입는 것이다. 예수를 그렇게도 졸졸 따라다녔던 제자들이 대개 어수룩하고 아둔하고 불순종하는 것으로 그려지는데, 거의 유일하게 칭찬받을 만한 행동이 있다면 그것은 기도를 가르쳐 달라고 한 것이었다. 내가 기도하는 것이 아니라 예수 그리스도 안에서, 그분을 사이에 두고, 그분을 통해서 우리는 하나님과 소통한다. 이를 두고 은혜라는 표현 외에 달리 무엇이라 말하겠는가?

둘째, 기도와 신학은 교리가 아니라 이야기다. 전통적으로 신학은 합리적인 학문 혹은 사실적인 분야로 간주되어 왔다. 신학이란 말의 어원을 볼 때, 그것은 하나님을 합리적이고 이성적인 언어로 풀어내거나, 하나님의 계시를 과학적인 사실과 분리되지 않은 것으로 설명하려는 작업이었다. 순수 추상으로서의 객관적인 진리 입증, 이것이 근대가 이해한 신학이었다. 성경은 살아내야 할 진리가 아니라 증명되어야 할 역사적이고 과학적 가설로 전락하였다.

여기서 간과된 것이, 진실한 삶이다. 진리(Truth)는 있되 진실함(truthful)이 없었다. 기독교의 신조나 교리를 잘 암송하는 것이 좋은 신자의 전형이었다. 그것들이 발생하고 자라난 삶과 역사라는 문맥을 떠나는 순간, 기독교는 삶이 사라진 지식이 되었다. 물론 교리는 기도를 돕는 역할을 하지만 보조적이거나 후차적인 것이다. 하여 하우어워스는 "신학이란 기껏해야 그리스도인들이 신실하게 기도할 수 있도록 돕는 일련의 상기자에 불과하다"고 기포드 강좌 서문에서 대담하게 말한다.

기도 역시 마찬가지다. 기도란 우리가 알아야 할 일련의 명제들이 아니라 우리가 살아야 할, 그리고 배워야 할 이야기다. 기도란 하나님과의 대화라는 고전적 정식이 말하는 바를, 기도란 하나님과의 사귐이라는 김영봉 목사의 공식이 의미하는 바를 현대 신학적 개념으로 바꾼다면, 그것은 기도는 이야기란 말과 통한다. 예컨대, 주기도에서 하나님을 아버지라고 부르는 것은 그분과 우리 사이가 가족 관계라는 것을 말한다. 아버지라는 말은 정보와 지식의 축적이 아니라 한솥밥 한식구라는 관계와 삶의 이야기 속에서 사용되는 말이다.

셋째, 기도와 신학은 공동체적이다. 아우구스티누스와 데카르트는 신학을 개인화시켰다는 비판을 받는다. 아우구스티누스는 「고백록」에서 오직 자신이 알고자 했던 유일한 것은 하나님과 자기 자신 외에는 아무것도 없다고 단언했고, 데카르트는 세계에 존재하는 모든 것의 유일한 토대야말로 이성적 인간이라고 했다. 여기서 인간이란 개인을 지칭한다. 이처럼 신학과 철학은 공동체와 격리된 한 고독한 인간의 영웅적 행위가 되었다.

슐라이어마허에게서 보듯이 자유주의가 개인의 내적 경험에서 신앙의 확실성을 찾은 것도, 그 정반대 편에 선 근본주의자들이 역사적이고 과학적 사실에서 신념의 확실성을 추구한 것도, 모두 교회 공동체를 위한 말씀으로서의 성경을 오해하고 오도한 것에 기인한다. 양자 모두가 서로 대척점에서 상호 비판을 하지만, 하우어워스가 보기에 교회 공동체의 삶과 실천, 신자의 제자도라는 맥락을 잃어버렸다는 점에서 양자는 결국 오월동주에 다름 아니다.

성경은 아무런 매개나 중재 없이 해석되지 않는다. 모든 신자와 교회 공동체는 성경을 실제 삶으로 구현하는 제자들의 무리이자, 세상을 향해 성경을 그 삶으로 해석하는 사회이다. 그러니까 성경은 교회를 통해서 증언된다. 그래서 베드로는 성경을 사사로이 (private), 한 개인이 마치 제 자신이 성경의 주인이자 해석의 최종 권한을 가진 양 제 마음대로 해석하지 말라고 명령하는 것이다. 성경은 공동체를 위한 것이기 때문이다. 교회와 성경은 둘이 아니다.

하우어워스는 주기도에서 "우리"라는 말이 얼마나 많이 반복적으로 나타나는지 놓치지 않는다. 하나님 아버지는 그 누구나 또는 나만의 하나님이 아니라 우리 아버지이고, 일용할 양식도 내 것이 아닌 가난한 자들의 양식을 위한 간구이며, 일방적으로 죄를 용서하고 받는 자가 아니라 서로 용납하는 것이고, 나뿐 아니라 공동체 식구들도 시험에 빠지지 않도록 우리는 기도한다. 이는 주기도가 얼마나 관계 중심이고 공동체적인지를 여실히 보여준다. 사실 우리가 하나님의 가족이자 백성으로 부름을 받았다는 것은 공동체의 일원이자 일부가 되었다는 것을 자명하게 전제한다. 그러므로 주기도는 신자 공동체 모두가 함께 드려야 한다.

넷째, 기도와 신학은 정치적이다. 신학적 자유주의와 근본주의는 교회의 정치 참여에 대해 상반된 입장과 역사를 가지고 있다. 세속적인 공공 영역에 대한 발언을 자유롭게 하는 측이나, 그것을 꺼려하고 기피하는 측이나, 하우어워스가 보기에 신학의 정치적 성격을 제대로 파악하지 못하고 있는 것이다. 자유주의의 정치적 발언은 성경에 기반한 것이 아니라 당대의 진보적 담론을 되풀이하거나 그것을 성경의 언어로 포장하는 것에 지나지 않는다. 근본주의는 말하기조차 민망할 정도다. 겉으로는 정치와 무관한 척 담을 쌓고 사는 듯 하지만, 그 내면을 들여다보면 지배 이데올로기와 강고하게 밀착하고 있음을 보게 된다.

하우어워스는 일관되게 신학은 정치적이라고 한다. 교회가 하나의 정치적 공동체라고 서슴지 않고 말한다. 이는 존 요더의 영향으로, 이들은 교회가 국가를 대신하는 대안 공동체이며, 교회 자체가 하나의 사회라고 말한다. 그것이 바로 예수 사역의 캐치프레이즈였던 "하나님 나라"를 왕조 국가가 감히 사용할 수 없는 이유이며, 그 나라가 임하기를 기도하는 것이 기존 지배 세력의 눈으로 보면 두말할 필요 없는 반란인 이유이다. 현재의 권력자와 국가를 두고서 예수가 왕이라고 노래하고, 이 세상과 전혀 다른 나라가 도래하기를 기도하는 것이 반역이 아니고 무엇이란 말인가.

이토록 주기도문은 위험천만한 영적인 정치 행위다. 우리는 주기도문 곳곳에서 이 기도가 얼마나 정치적인지를 볼 수 있다. 예의 하나님 나라뿐 아니라 나라와 권세와 영광이 우리 중 그 어떤 사람이 아닌 하나님의 것이어야 한다는 기도도, 기도의 정치의 한 사례다. 기도는 일용할 양식 이상의 것으로 배부르면서도 하루 먹을 것을 위해 기도하는 이의 밥에 눈독을 들이는 강대국과 강자의 논리에 대한 저항의 정치다. 일용할 양식이면 족하지 그 이상을 얻고자 하지 않겠다는 것은 자본의 논리를 거스르는 기이한 행동이다.

시험에 들지 않도록 기도하는 것 역시 어떤 영적 전쟁을 전제로 한다. 하나님의 자녀인 우리로 하여금 주님이 가르쳐 주신 대로 기도하며 살지 못하게 하는 보이지 않는 권력들이 존재한다. 가부장적 구조, 인종주의, 민족주의, 미디어에 이르기까지 이 모든 것들이 자신들이 세상을 구원할 것이라고 떠들어 대지만, 주기도는 그것이 오히려 유혹자이며, 참 구원자는 예수라는 것을 선언한다. 하나님의 이름을 경망스럽게 농담의 소재로 삼는 것보다 오히려 그 하나님의 이름을 들어 십자군, 히틀러의 독일군, 침략 전쟁을 축복해 달라는 기도가 최악의 신성모독인 것이다.

이처럼 기도는 단지 일신의 안위와 편안을 위한 것이 아니다. 거기에는 자신도 모르는 특정한 정치적 견해가 투사되어 있다. 우리의 기도가 성경과 예수의 정치가 아닌 세상과 지배 이데올로기에 암묵적으로 배후 조종당하는 것은 아닌지 돌아볼 일이다. 이제 기도가 정치적이라는 것을 인정하자. 탈정치라는 미명하에 지배 집단과 결탁한 기도에 가려진 자신의 야망을 뻔뻔스럽게 감추려하지 말자. 우리가 의식적으로 기도가 정치라는 것을 인식할 때, 우리는 보이지 않는 악한 영적 권세와 타락한 세계의 구조에 대해 보다 예민하게 느끼고 그것을 기도의 자리로 들여올 수 있다. 기독교와 기도는 본질적으로 정치적이다.

다섯째, 기도와 신학은 성품이다. 하우어워스는 우리가 먼저 제자가 되지 않고서는 결코 예수를 따라 살 수 없다는 다소 기발하고 엉뚱해 보이는 논리를 편다. 요컨대, 먼저 예수의 제자가 되지 않고서는 예수를 믿을 수 없다. 예수를 믿어야 제자가 되는 것이 당연지사이거늘, 왜 그는 이처럼 생경한 논리를 고집하는 것일까. 게다가 그는 어느 책에서 미국의 그리스도인에게 더 이상 성경을 읽혀서는 안되며, 그 손에서 성경을 빼앗아야 한다는 과격한 주장을 한 적이 있다. 성경을 읽지 않고, 달리 말해서 말씀을 듣지 않고서 어떻게 믿음이 생기겠는가.

그의 생각은 이렇다. 제자가 되는 것, 성경을 주야로 묵상하는 것은 근본적으로 세상과 전혀 다른 이질적인 정치 철학과 구조에 입각한 삶을 살겠다는 것이다. 성경을 들을 귀가 없다면, 말씀이 요구하는 것이 과하고 불가능해 보여도 아브라함처럼 신실하게 순종할 의사가 전혀 없다면, 계속해서 성경을 독서하는 것은 성경 밖의 잣대를 뒷받침하는 데 성경을 이용하자는 속셈에 지나지 않는다. 지금도 그가 살고 있는 미국은, 그가 비판하듯이 전쟁의 합리화에 성경을 악용한다.

그렇기 때문에 주기도는 반복해야 하고, 학습해야 한다. 주기도를 반복적으로 기도함으로써 그렇게도 단단하기가 철옹성이던 내 뜻을 내려놓고 아버지의 뜻에 순종하게 되고, 그다지도 밉던 원수의 얼굴에서 하나님의 얼굴을 보게 된다. 동시에 그 원수의 얼굴이 다름 아닌 내 얼굴임을 감지하게 되어 나도 용서받은 자라는 사실을, 또한 나도 누군가의 원수라는 사실을 깨닫게 되며 그를 용서하게 된다.

계속해서 주기도를 기도하면서 우리는 일용할 양식 이상의 것을 탐내던 고삐 풀린 욕망을 거두어들이게 된다. 하나님의 거룩한 성품을 닮게 된다. 이 기도의 정신이 제2의 천성이 되고 습관이 되도록, 끊임없이 되풀이해서 기도해야 한다. 우리는 우리가 기도하는 대로 되어 간다. 기도는 우리의 지성뿐 아니라 속사람까지 성숙하게 한다. 우리말로는 성품, 품성, 개성, 성격 등으로 번역되는 [하우어워스 윤리학의 주요 개념인] ʻcharacterʼ는 내가 보기에 ʻ됨됨이ʼ라는 표현이 가장 어울린다. 한 사람의 말과 행동, 심지어 작은 몸짓 하나와 얼굴 표정까지도 그의 됨됨이를 반사한다. 그가 기도하는 말은 그의 됨됨이를 반영하는 것이고, 따라서 주기도는 우리의 됨됨이를 형성한다.

## 하우어워스, 그와 함께 가라

이 책을 정신을 집중해서 읽으면, 저자들의 해석이 한편으로 주께서 직접 가르치신 그 기도를 복원하고 있다는 것과 함께 주기도가 문자가 아니라 지금 여기서 우리가 살아내야 할 진리라는 것을 확인하게 된다. 기도는 은혜이며, 예수와 우리 삶의 이야기가 하나가 되는 것이다. 주기도를 통해 우리는 하나님 백성 공동체의 일원이 되며, 세상에 속하지 않는 나라의 정치적 현존을 세상과의 대결도 불사하며 증언하게 되고, 내 온 존재가 새롭게 형성되는 것을 보게 된다.

그러기에 우리는 "아멘"이라는 말로 응답하고 그 결단을 공적으로 공표한다. 주기도의 마지막 말은 알다시피 "아멘"이다. 이는 지적으로 '옳다'는 것이고, 시간적으로는 '그렇게 될 것이다'는 확신이자 소망이며, 실천적으로는 '나도 그렇게 하겠다'는 결의가 담긴 말이다. 저자들은 계속해서 이 기도가 얼마나 위험한 것인지를 누차 강조한다. 일용할 것을 더 많이 축적하고 싶고 용서하기는 죽기보다 싫은데, 그걸 버리면 끝장일 것 같은데, 그만두겠다고, 버리겠다고 기도한다는 것은 말처럼 쉬운 일이 아니다. 그리고 인간이 하나님의 거룩과 완전한 용서를 흉내라도 낸다는 것이 어디 가당키나 한 말인가. 그럼에도 우리는 우리의 의지와 욕구, 성향을 거슬러 "아멘"이라고 외친다. 그럼에도 불구하고 주기도대로 살겠다는 것이다.

바람이 있다면, 그의 주요한 신학적 윤리 저작들과 미국을 비롯한 사회·정치 비판과 평화주의, 그리고 두 분의 저자가 함께 쓴 또 다른 몇 권의 경건 서적들이 골고루 소개되었으면 하는 것이다. 개인적으로 제일 먼저 소개되었으면 하고 바랐던 *Resident Aliens*(복 있는 사람 출간 예정)가 출간을 준비하고 있다는 소식이 더 없이 반갑다. 탈현대를 통찰하는 안목, 교회를 교회답게 하는 자기비판, 비폭력 평화주의의 삶을 사신 예수를 뒤따르는 제자도의 길에 하우어워스는 좋은 동반자가 될 것이라 믿어 의심치 않는다. 그대 부디 하우어워스와 함께 가기를. 아멘!

김기현 목사(부산 로고스교회)